# 无界学习

南宁市第三中学 编

广西人民出版社

图书在版编目（CIP）数据

无界学习 / 南宁市第三中学编 . — 南宁：广西人民出版社，2023.11（2024.6 重印）
（百年名校正青春）
ISBN 978-7-219-11548-0

Ⅰ. ①无…　Ⅱ. ①南…　Ⅲ. ①德育—教学研究—中学　Ⅳ. ① G631

中国国家版本馆 CIP 数据核字（2023）第 048046 号

---

WUJIE XUEXI
**无界学习**
南宁市第三中学　编

---

| | |
|---|---|
| 策　　划 | 赵彦红 |
| 执行策划 | 林晓明　陈晓蕾 |
| 责任编辑 | 曾蔚茹 |
| 责任校对 | 周月华　田若楠 |
| 美术编辑 | 牛广华　陈瑜雁 |

出版发行　广西人民出版社
社　　址　广西南宁市桂春路 6 号
邮　　编　530021
印　　刷　广西昭泰子隆彩印有限责任公司
开　　本　787mm×1092mm　1 / 16
印　　张　16.75
字　　数　237 千字
版　　次　2023 年 11 月　第 1 版
印　　次　2024 年 6 月　第 2 次印刷
书　　号　ISBN 978-7-219-11548-0
定　　价　70.00 元

版权所有　翻印必究

# "百年名校正青春"丛书编委会
（按姓氏笔画排序）

**主　任**　韦　坚　韦屏山

**副主任**　贝伟浩　韦先鲜　冯宇斌　孙　振　杨　菲　李　杰　李国栋
　　　　　吴　红　何海夷　张　栋　周　晶　胡颖毅　莫怡祥　梁　毅
　　　　　梁东旺　戚志涛　蓝　宇　谭立勇　魏述涛

**编　委**　丁　莉　于法锋　王　园　王祥斌　韦　良　韦国亮　韦琴琴
　　　　　邓曙光　玉党益　吕泉孜　朱云峰　刘　珑　刘　栋　刘世林
　　　　　刘培荣　江东洋　许大福　许家勇　苏朝凤　李　昕　李　溇
　　　　　李　睿　李凤华　李浩铭　李鹏飞　杨　彬　吴善堂　邱丽燕
　　　　　何　杰　何　炎　张　静　张忠武　张金恒　陆　金　陆　勇
　　　　　陆华芳　陈　东　陈现永　周代许　庞　洁　宗焕波　胡　波
　　　　　胡纯辉　莫日红　莫焜贤　倪　华　唐永顼　黄　欢　黄　灵
　　　　　黄　洁　黄　继　黄　琴　黄文斌　黄成林　黄秋明　黄梦竹
　　　　　黄频捷　梁心玙　梁艳婷　梁蒙武　覃俊明　谢展薇　蓝日更
　　　　　雷　艳　雷　婷　雷以德　谭　锋　谭佩玉　谭冠毅　黎文平
　　　　　黎正旺　滕　雪　潘俊全　魏远金

# 《无界学习》编委会

**主　编**　梁　毅　张　栋

**副主编**　丁　莉

**编　委**　陈现永　胡　波　黄成林　黄静文
　　　　　黄　灵　黄艳婷　李　静　刘培荣
　　　　　吕泉孜　雷　婷　黎文平　黎正旺
　　　　　庞　洁　谭　锋　滕　雪　谭冠毅
　　　　　江东洋　魏远金　杨　彬　谢展薇
　　　　　黎洲舟

# 总 序

欲厦之高，必牢其基；欲流之远，必浚其源。自1897年维新人士余镜清创办的南宁乌龙寺讲堂算起，南宁市第三中学（简称南宁三中）历经了一百二十五年的洗礼与积淀，以其深厚的文化底蕴和卓越的办学特色，成为莘莘学子向往的求知殿堂，成为闪耀八桂大地的一个明星教育品牌。逢南宁三中一百二十五周年校庆之际，为了凝练延续名校基因，我们特别推出了"百年名校正青春"丛书，旨在回顾百年辉煌、展示教育求索、激励基因传承，这是南宁三中办学历程中一项具有里程碑意义的创举！

"百年名校正青春"丛书共计十册，是一次对学校发展蜕变的全景式展现，是一次对中学教育教学探索的全貌式分享，是一场弥足珍贵的文化盛宴。每一册书都浸染着南宁三中深厚的文化底色，以"真·爱"教育思想为引领，厚植"家的支柱，国之栋梁"的育人理念，秉持"以学术究真，以温暖施爱"的精神，从不同维度讲述南宁三中故事，展现新时代教育背景下蓬勃向上、生机盎然的南宁三中风貌。

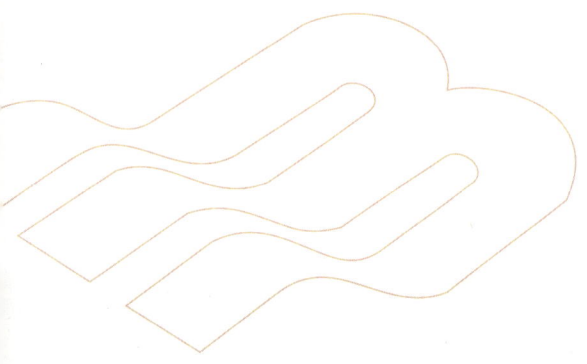

在丛书里,《道从何处来》仿佛是一本扉页镶嵌着时间之石的珍宝簿,为我们展开了南宁三中砥砺百年的历史画卷。它以六个篇章为笔墨,深情而准确地勾勒出这所百年名校的成长脉络。通过那些极具代表性的图片和经典事件的点缀,让我们仿佛置身于隽永的岁月长河之中,得以亲近属于南宁三中的教育理想和抱负,明了永恒的教育精神和卓越的教学成就。

《学科浪漫故事》有如一泓清泉,洋溢着南宁三中这所百年名校的教育芬芳。纵览四方的辉煌,体味十三门学科的精彩教学故事和教师们的辛苦与创新,名师们的风采和学生们的真情得以淋漓尽致呈现。在南湖之畔的南宁三中讲台,奏出一曲曲优美乐章,无一不让人流连沉醉。

《草木尽欲言》仿佛是一簇鲜花,伴着南国和畅清风,为我们拂来南宁三中校园里草木的芬芳。每一株植物都有其婀娜姿态,仿佛向我们低声述说着校园的故事。从植物的简介到手绘插画,再到古诗词品读和师生情谊,我们如同漫游在文化花园中,领略南宁三中师生间深厚的情谊和百年名校的韵味。

《学研相济 聚木成林》犹如一片浩渺星空,闪耀着南宁三中科研成果的光辉。基于南宁三中在深化改革和创新发展方面的探索,将历年的杰出科研成果进行了编录,展示学校在教科研领域的深厚功底,为全市乃至全区深入推进教育教学改革、提高学校教学质量提供新启示、新方法。

《美好不止于初见》宛如一座丰碑,细述着南宁三中青山校区、五象校区、初中部青秀校区和初中部五象校区的风采。翻开书页,我们仿佛走进了被红色文化长久滋润的百年名校，移步换景间，得以尽览各校区的师资力量、历史人文、建筑特色、校园环境、生态资源，领略新时代背景下的南宁三中风采。

《四季　三中》如同一壶芬芳的清茶，于平淡之间，我们可以品味出南宁三中后勤服务工作者不凡的辛勤劳动。每一道美食、每一处胜景、每一桩小事都串联起南宁三中对学子们的关爱与体贴，诠释着学校"全境温馨、全员温暖、全校温情"的人文精神。

《爱要大声说出来》灿若一颗流星，闪烁着南宁三中学子思想和道德品质的光芒。书中收录了南宁三中学子在国旗下发表的精彩讲话，涵盖了爱国主义教育、党史学习教育、党团活动宣传、思想政治教育、法治教育和感恩教育等多个方面，用文字的力量让思想的匠心荡涤在心灵的河流，展示南宁三中在"真·爱"教育的引领下，全过程、全方位育人，为党育人、为国育才的成果。

《给母校的情书》好比一曲饱含着墨香韵味的恋歌，收录了南宁三中师生和优秀校友们的回忆文章。师者说，学子吟，从教师们的珍贵回忆，到学子们在求学时期难忘的点滴与毕业后对母校无尽的眷恋。通过一封封充满深情的书信，我们感悟到南宁三中在百年时光中为学子们的成长付出的真挚关怀，让人们见识了这座百年名校多彩且立体的人文风采。

《光阴的故事》好似一幅细腻的水墨画，从多门学科的角度解读二十四节气，揭示其中蕴含的学科知识和中国故事。将中华优秀传统文化带入课堂，将创新教育的理念融入学校，让我们得以领略南宁三中教育的真谛和不断探索创新的精神。

《无界学习》宛然一座学识宝库，收录了南宁三中教师们关于无界学习的论文成果。新时代，知识无界、学习无界，要想在新征程中、新挑战下依然抬头挺胸、昂首阔步，就必须深入研究如何实现学生在学习过程中的全面发展。从纯粹的记忆到对知识的理解、反思、运用、迁移，再到品德、智慧、体魄、艺术和劳动的并举，这本书呈现了南宁三中教育工作者对青少年身心发展规律的深入探索，可为教育工作者提供宝贵经验。

本丛书的撰写与编纂，汇集了南宁三中教师、学生和校友的智慧与经验，他们倾注激情，用心良苦，将自己的思想和经历以生动的笔触呈现给读者。这些书籍既承载了南宁三中百年来的教育理念和办学精神，也彰显了南宁三中学子积极向上、积极进取的精神风貌。

撰书之初，南宁三中初中部江南校区仍处于初期筹备中；成书之时，初中部江南校区也方于2023年9月投入使用，所以未能在本丛书中有所收列。但自筹备之日起，南宁三中这所百年名校的精神和血脉便早已一以贯之，作为一个站在新起点的校区，已然立志于心、成竹于胸，开门即名校，不日将会打造出一张"创新江南"的崭新名片！

在这个飞速发展的新时代，南宁三中将以"百年名校正青春"丛书的出版为契机，拥抱时代，积极进取，勇于创新，主动求变，始终坚持以"为党育人　为国育才"为根本目标，践行"真·爱"教育思想，以培养"家的支柱，国之栋梁"为育人愿景，深入推进"教研强校　温暖育人"发展战略，让南宁三中在新时代继续引领教育潮流，培养更多有"真·爱"精神的学生，为社会培养更多有责任感、有担当的栋梁之才。

南宁三中，百年名校正青春！让我们共同见证这个伟大的历程，体悟南宁三中的精神风貌，感受岁月留存的智慧印记，为南宁三中的百年辉煌点赞。希望这些书籍的问世，能够启迪更多志同道合之人，引领他们走向未来，书写属于自己的辉煌篇章！

编　者

2023年10月

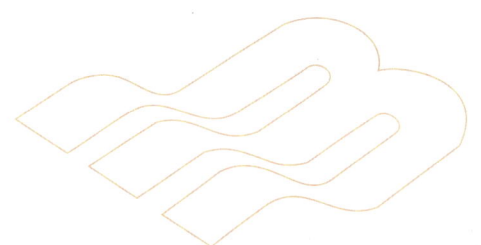

# 序言

2021年7月24日,中共中央办公厅、国务院办公厅印发《关于进一步减轻义务教育阶段学生作业负担和校外培训负担的意见》(简称"双减"),引起了社会的巨大反响:家长忧虑孩子学业,教师忧虑时间的管理和家庭生活的平衡……学校作为"双减"的主阵地,如何平衡升学压力与学生"五育并举"全面健康成长?面对课后服务课程与学科课程的均衡设置、教师队伍能力的提升、家长和社会对教育教学质量的高期待等新挑战,学校又该如何应对?

南宁市第三中学(简称南宁三中)前身为南宁乌龙寺讲堂,1897年由维新人士余镜清创办。2022年,南宁三中迎来了125年校庆。基于"双减"背景,以及学校的文化沉淀和新时代人才培养的需求,我们重新思考了学校教育教学的时空界限,提出了适应新时代背景的教育新方案——无界学习。

南宁三中是广西首批重点中学、广西首批示范性高中、广西首批新课程新教材实施国家级示范校,办学历史悠久、师资力量雄厚。南宁三中坚持立德树人的根本目标,坚持科研强校战略,以学术引领为导向,推进学术型学校的发展,培养具有理想信念、过硬本领、奉献精神和责任担当的时代新人。从2016年开始,南宁三中扩大办学规模，形成了多校区（青山校区、五象校区、初中部青秀校区、初中部五象校区）的集团办学模式；2021年，南宁市第三中学教育集团（简称南宁三中教育集团）正式挂牌成立。截至2022年，南宁三中教育集团已经发展壮大为拥有千名教师和万名学生的"教育航母"。在本书中，我们将以无界学习为突破口，谈谈关于南宁三中教育集团可持续化发展的新思路和新方式。

"有界"和"无界"原先是数学中的概念①，本身是二律悖论，即"非黑即白"。"有界/无界"最早是语言学家兰盖克（Langacker，1987）基于认知语言学理论而提出的。中国著名语言学家沈家煊在1995年提出了"有界"和"无界"这两种基本对立的概念。他提出：人们感知和认识事物时，事物在空间上有"有界"和"无界"的对立；人们感知和认识动作时，动作在时间上有"有界"和"无界"的对立；人们感知和认识性状时，性状在"量"或程度上也有"有界"和"无界"的对立。②本书介绍的无界学习主要是在学校层面的，包括四个内涵：学科无界、学段无界、场域无界、资源无界。

第一是学科无界。我们采用跨学科融合的方式，弱化学科边界，整合多学科的育人价值，实现综合性学习。

第二是学段无界。我们突破小升初、初升高的壁垒，加强了小学、初中、高中（简称小初高）之间的教学衔接，探索小初高一体化教学的有效方法和路径。

---

① 尹付：《"有界"与"无界"：二律背反命题界限域的认知语言诠释》，载《中国海洋大学学报（社会科学版）》2011年第5期。
② 沈家煊：《"有界"与"无界"》，载《中国语文》1995年第5期。

第三是场域无界。我们跨越场地限制，延伸学习空间，从研学课程、国际课程、学生社团等多个维度丰富学习内涵。

第四是资源无界。我们融合"家庭—学校—社会"资源，推翻学校"围墙"，实现课程社会化、资源集群化，实现学习资源的全域流动。

无界学习的最终目的是引导学生突破课堂教学的壁垒，促使学生不拘一格地成长和发展。本书的主要内容是拓展无界学习的内涵和实践应用研究，即通过研发、设计和整合适配南宁三中四大校区（青山校区、五象校区、初中部青秀校区、初中部五象校区）校情的无界学习的课程体系和课程资源，并在实践的基础上进行理论内涵的高度凝结，这是一项开创性的工作。

教育部印发的《普通高中课程方案（2017年版）》提出，"研究性学习……以开展跨学科研究为主"。目前，我们在学科无界方面进行了这些研究尝试：学校以校本"耕读园"建设为载体，构建"耕读园"学科融合育人体系，形成人文学科与劳动实践融合、科学学科与劳动实践融合及劳动教育三大模块课程，在促进学生全面发展的同时，实现了生态文明校园建设目标。我们还开展了高中数学与物理学科深度融合研究、高中中英双语学科融合二十四节气课程实践探究、教育戏剧视域下中学语文与音乐学科融合的实践等相关研究。学校以课程基地为依托，整合教学资源，推出了丰富多彩的校本课程，以及丰富多彩的科普、文体、艺术、劳动、阅读、兴趣小组及社团活动，使其成为南宁三中无界学习的一张亮丽名片。同时，在跨学科教研成果方面，我们改变了一贯以来的做法,学生在教师的指导和帮助下,打破班级、年级、场地、学科的限制,组成小组,选定项目主题,运用科学研究的思维方式和研究方法,通过研究探索,形成了良好的科研习惯,提高科学素养。例如,学生撰写了《关于南宁普通话现状的分析与思考》《万有引力常量的测定》等课题论文。

在学段无界方面,学校尝试从跨学段集体备课,设衔接课程,构建"学校—家庭—社区—社会"一体化的教育生态,充分利用数字资源,抓牢做细课堂教学教研,实现教研团队的卓越成长,助力教育教学质量的提升。为满足不同潜质学生的发展需要,对于一些在基础学科学习方面具有天赋的学生,我们采用多种培养模式,打破学段的边界,提早发现和培养这样的学生,通过学科竞赛和相关的活动培养和选拔优秀学生,体现了因材施教和拔尖人才培养的新思路。除此之外,我们让学生树立了终身学习的观念,基于中学生生涯发展阶段及心理特点,以核心素养为依据和出发点,开发并实施了以提升学生职业规划力的校本课程。针对不同年级学生的心理特点,设计了自我认知、情绪管理、关系构建、生涯发展、职业规划五大方面48个主题,采用不同的教学方式促进学生探索自我,提升职业生涯规划能力。

2016年,根据教育部等11部门发布的《关于推进中小学生研学旅行的意见》,我们提出研学旅行作为新型课程应突出课程的实践性和地域性,学校作为课程实践主体,也应积极参与研学旅行的课程开发。这也作为"场域无界"的重要组成部分。学校按照新时代党的教育方针,以"五育并举"为课程根本目标,融入富有特色的地域文化为课程元素,展开多学科融合、学校与研学基地共建的课程设计，形成了人文类、自然类、艺术类、体验类四大类特色校本课程体系，让学生在研学旅行中增长了知识，拓宽了视野，丰富了生活技能、生活经验，全面提升核心素养。除了国内研学平台，学校也开辟了国外平台。2014年，经自治区教育厅批准，凤凰教育与南宁三中、美国缅因州普雷斯克岛高中合作开展"中美凤凰国际项目"，开办国际高中课程实验班（简称中美凤凰国际班）。中美凤凰国际班以培养既有坚定家国情怀又具国际视野的人才为目标，开设了包括中国高中核心课程、美国高中精华课程、美国大学一年级学分课程、出国留学标准化考试课程、凤凰传媒与艺术课程。中美凤凰国际班的开办加强了南宁三中的国际交流与合作，不仅为国际班学生，更为南宁三中全体师生提供了面向世界的交流学习平台。走出校门、走出国门也许不是每日常态，但是走进社团却是学校最富活力的课程。南宁三中基于无界学习与"五育并举"的理念，打破学习场域的限制，结合当前中学生社团课程化模式的具体要求，对学生社团活动项目进行规划、实施、管理和评价，围绕制度保障、组织保障、量化考评、激励保障等方面提出基本构思，从运行前期、运行中期、运行后期和评估反馈四个阶段逐步构建课程化的初中学生社团管理创新模式。学校还开展了"大思政"格局下初中学生社团活动融合思政教育的实践与研究、中学生社团"文创"实施路径的探索研究。

在资源无界方面，我们融合"家庭—学校—社会"资源，实现课程社会化、资源集群化，实现学习资源的全域流动，

进行了网络课程、家校共育和社会实践等方面的探索。例如，学校构建了家校共育背景下的德育教育模式，学校、家庭、社会都要肩负起对学生的教育重任，重视对学生进行思想品德教育，建立健全的德育教育模式，促进学生的品德修养，培育具有健全人格、责任心和道德观的新一代的青少年。同时，我们也非常注重学生社会实践能力的培养，学校根据不同年级学生的学情与志愿服务不同类别进行划分。例如，低阶段的学生更需要注重常规的公益活动，且志愿服务注重行为习惯的养成与服务社会意识的引导；高年级学生注重公益服务、常规服务与专项服务，高年级志愿服务注重实践与专业化，范围更广、更深；引导学生学以致用，增强主动意识，以实际行动回报社会。

鉴于无界学习主题在促进南宁三中教育教学发展的相关研究的时间尚短，无论是在理论层面还是在应用层面，尚处于起步阶段，本书虽然对无界学习在实践层面的应用进行了较多系统的总结，但在无界学习的理论层面还有着一定的探索空间，研究主要是以应用为主，不足之处在所难免。但是我相信，此书的出版将会激发教育同行和教育研究者的兴趣！

是为序。

南宁市第三中学政教处副主任　庞　洁

2022年11月

# 目录 Contents

## 学科无界

### 第一章 跨学科的教学活动

运用学科阅读改善城市新区学校教育生态 / 梁 毅 004

多学科融合视域下的劳动教育探索
　　——以"耕读园"校本课程为例 / 周代许 016

高中数学与物理学科深度融合研究
　　——以函数与导数在物理学科中的应用为例 / 覃俊明 024

德育视角下高中中英双语学科融合二十四节气课程实践探究
　　——以二十四节气之谷雨为例 / 施敏婕 031

### 第二章 跨学科的课后活动

探索无界学习·培养创新人才
　　——记南宁三中的跨学科课后活动 / 谢展薇 042

### 第三章　跨学科的教研活动

跨学科的教研成果 / 魏远金　054

跨学科的教研成果

　　——学生研究性学习成果案例一：万有引力常量的测定　065

跨学科的教研成果

　　——学生研究性学习成果案例二：

　　　关于南宁普通话现状的分析与思考　086

## 2 学段无界

### 第一章　小初高衔接

促进跨学段伙伴技能提升的小初高衔接实践 / 谭冠毅　096

### 第二章　竞赛课程

跨学段培养学科竞赛拔尖人才的思考 / 胡　波　黄成林　张　静　106

### 第三章　生涯规划

核心素养背景下生涯规划校本课程的开发研究 / 黄静文　114

# 3 场域无界

## 第一章 研学课程

"五育并举"视域下的高中研学旅行校本课程设计 / 陈现永　126

红色教育课程开发的实践研究
　　——以南宁三中国旗护卫队（班）进行爱国主义教育为例
　　　/ 刘培荣　133

浅谈我校区研学之路 / 黄　灵　140

立德树人背景下对研学实践路径的探索与研究
　　——以南宁三中初中部五象校区研学旅行为例 / 丁　莉　155

## 第二章 国际课程

南宁三中中美高中合作课程实验项目办学成果总结 / 黎正旺　164

## 第三章 学生社团

中学生社团文创实施路径的探索研究
　　——以南宁三中校园文创发展为例 / 吕泉孜　174

"大思政"格局下初中学生社团活动融合思政教育的实践与研究
　　——以南宁三中初中部青秀校区为例 / 江东洋　183

基于无界学习与"五育并举"理念的初中学生社团课程化
　　模式构建及其应用
　　——以南宁三中初中部五象校区为例 / 雷　婷　192

# 4 资源无界

## 第一章　网络课程

信息化2.0背景下网络数字化教学资源建设的实践与研究
　　——以南宁三中初中部青秀校区为例 / 黄成林　208

## 第二章　家校共育

加强家校沟通，实现家校共育
　　——利用微信沟通架起家校合作的桥梁 / 李　静　222

家校共育模式下的德育教育模式构建 / 黎文平　226

## 第三章　社会实践

教育戏剧视域下中学语文与音乐学科融合的实践研究
　　——以南宁三中课本剧大赛为例 / 杨　彬　232

浅谈中学生社会实践活动教育
　　——以志愿服务育人模式为例 / 黄艳婷　241

**后　记** / 滕　雪　246

# 1 学科无界

『百年名校正青春』

无界学习

# 第一章

## 跨学科的教学活动

# 运用学科阅读改善城市新区学校教育生态

梁 毅

副校长,音乐教研中心组成员,音乐特级教师,南宁市学科带头人、南宁市优秀共产党员,首届广西壮族自治区义务教育美育教学指导委员会委员。

**摘 要** 在核心素养视域下,新一轮中考、高考改革要求提升学生的阅读能力,在阅读方面加大深度、广度、难度等,这就要求学生具备学科核心素养。学科阅读是培养学生核心素养的一个方式。基于阅读的重要性、核心素养的培养要求、中高考的改革趋势,本次研究拟运用学科阅读来改善城市新区学校教育生态。

**关键词** 学科核心素养 学科阅读 教育生态

## 一、问题的提出

阅读对一个人的成长和发展具有重要的作用。曾祥芹认为阅读的价值有以下两大方面:"其一,阅读对完善个人求知、开智、立德、审美、养身,从德智体各方面完善读者自我素质,对整个社会的精神文明建设发挥了巨大的作用;其二,阅读是学习之母,阅读是教育之本,阅读是生产之力,阅读是治国之术,强民之法。"[1]朱永新认为:"一个人的精神发育史就是他的阅读史。"[2]阅读有助于实现个人的进步,推动社会的发展,奠基民族的未来,这与核心素养的要求是相一致的。

在我国,关于核心素养的研究与讨论起步较晚,对于核心素养的定义不一,比较官方的定义来自2014年发布的《教育部关于全面深化课程改革 落实立德树人根本任务的意见》(简称《意见》)中提出的"研究制订学生发展核心素养体系",其中对于核心素养的界定是"学生应具备的适应终身发展和社会发展需要的必备品格和关键能力,突出强调个人修养、社会关爱、家国情怀,更加注重自主发展、合作参与、创新实践"。核心素养包括文化基础、自主发展和社会参与三大方面,具体包括人文底蕴、科学精神、学会学习、健康生活、责任担当、实践创新六大素养,进而又将六大素养细化为18个基本点:人文底蕴分为人文积淀、人文情怀和审美情趣;科学精神分为理性思维、批判质疑和勇于探究;学会学习分为乐学善学、勤于反思和信息意识;健康生活分为珍爱生命、健全人格和自我管理;责任担当分为社会责任、国家认同和国际理解;实践创新分为劳动意识、问题解决和技术运用。[3]核心素养是关于学生

---

[1] 彭斐章、费巍:《阅读的时代性与个性》,载《中国图书馆学报》2008年第2期。
[2] 朱永新:《致教师》,长江文艺出版社2015年版。
[3] 林崇德:《中国学生核心素养研究》,载《心理与行为研究》2017年第3期。

多方面要求的综合表现,是学生获得成功生活、适应个人终身发展和社会发展不可或缺的共同素养;其发展是持续终身的过程,可教可学,最初在家庭和学校中培养,随后在一生中不断完善。①在核心素养这一大背景下,各个学科将核心素养与课程目标进行有效结合,针对核心素养的培养提出了具体的教学策略,并落实到具体学科教学中。

在核心素养视域下,新一轮中考、高考改革要求提升学生的阅读能力(见图1),在阅读方面加大深度、广度、难度等,这就要求学生具备学科核心素养。学科阅读是培养学生核心素养的一种方式。基于阅读的重要性、核心素养的培养要求、中高考的改革趋势,本课题拟定运用学科阅读来改善城市新区学校教育生态。

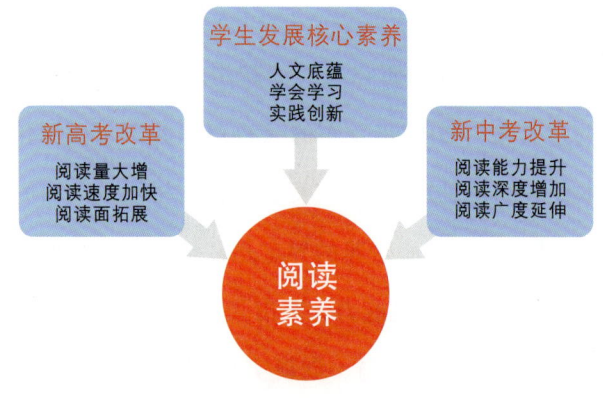

**图1 提升学科阅读素养的必要性**

城市新区学校多数是在郊区或是城乡接合部,离市区较远,生源有来自本市的,也有来自广西区内其他城市的,情况较为复杂,如有的家长对教育没有较为系统的认识,教育意识有待加强……种种原因导致教育资源不均衡,教育生态不完善。学科阅读是学校可以进行指导的,家长可以配合的,社区、社会都可以在最大范围内做到的,同时学科阅读还可以长久运营和维持下去。所以,通过学科阅读来改善城市新区学校教育生态是具体可行的(见图2)。

---

① 林崇德:《中国学生发展核心素养:深入回答"立什么德、树什么人"》,载《人民教育》2016年第10期。

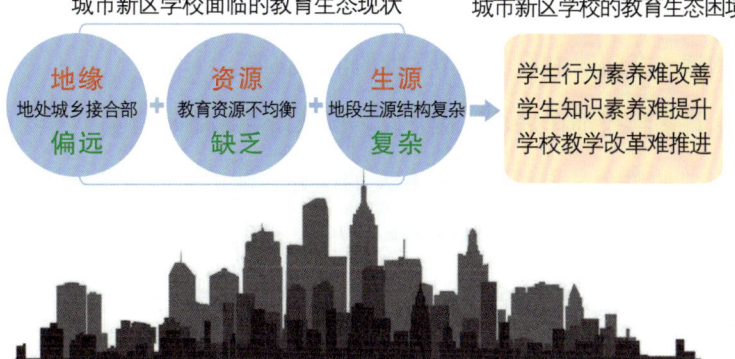

图2　城市新区学校面临的教育生态困境

## 二、概念界定

Ecology（生态学）源自希腊语，由"oikos"和"logos"两个词根组成，"oikos"意为家、住所或居住地，"logos"则意为研究、学问或学科。因此，Ecology本意则是"研究住所的学问"。"从词源将生态喻为'家'则蕴含了'整体、系统'的关系结构；'家'就包含了生命、生存的意义，因此生态也兼含了动态性的特征。"①在现代汉语中，"生态"一词与生命、生存、生理密切相关，同时也包含了整体性、全面性的内涵。德国的赫克尔（Haeckel）曾给生态下过定义，即"有机体与周围环境之间的关系"。由此可知，生态首先指一切生物的生存状态；其次，生物与环境相互作用，共同联系构成"生态"。生态环境简称生境，是指"各个生态因子综合起来，影响生物个体、种群或群落的环境"②。教育生态是由教育工作者、学生、自然环境、社会环境等要素组成的一种社会生态，它是一个有机的整体，具有一定结构和功能，通过系统内各种要素间的物质、能量、信息的交换，使人在德智体美劳各方面和谐发展，以此培养出合格人才、专门人才。③

---

① 吴文：《英语教学生态模式研究》，西南大学2012年博士学位论文。
② 罗婷：《大学教师发展的生态环境研究》，江西师范大学2006年硕士学位论文。
③ 唐德章：《论教育生态系统的协调发展》，载《西南民族学院学报（哲学社会科学版）》1991年第5期。

学科阅读，指在学科核心素养下，教师有组织、有计划地指导学生进行学科文本的阅读，在阅读中着重培养学生的学科素养。

目前，许多学校都在进行课程开发，多数研究课题也是基于核心素养或者学科核心素养的单个学科阅读课程开发的探究，缺乏对所有学科阅读的探究，并且较少从学科阅读角度来提升改善教育生态。因此，在借鉴前人优秀经验的基础上，结合城市新区学校的特点，研究者结合学校学生阅读量少、学科阅读缺乏指导、学科之间缺乏融合阅读、阅读课程缺乏体系、阅读效果缺乏评价等实际情况，开展"学科阅读改善城市新区学校教育生态的创新实践"项目研究，探索全科阅读课程的开发与实践的有效路径，并以此增强家庭、学校、社区的阅读意识，营造学校良好的教育生态。

## 三、具体措施

在中高考背景下，在核心素养视域下，笔者针对目前城市新区学校，就"家庭及社区不注重阅读、学校缺乏阅读课程体系、学生缺乏阅读体验、阅读资源匮乏"等问题展开研究。多年来，在城市新区学校发展态势下，结合核心素养的培养要求，南宁三中五象校区（高中部，地处城市新区）通过阅读改善城市新区学校教育生态，实践效果显著。

### （一）构建"学校—家庭—社区—社会"一体化的教育生态

教育生态关系学校，更关联家庭、社区、社会，是区域性的教育问题，因此，应建立学校、家庭、社区、社会四位一体的阅读模式，提高家庭、社区、社会的阅读意识，同时借助家庭、社区、社会等多方力量多方位为学生的阅读提供条件。

学校打造阅读基地，提供阅读课程，做好阅读指导，与家庭、社区、社会共建"阅读朋友圈""阅读智囊团""阅读同心结"等。学校有开放性图书馆，成立家校读书会，举办社区阅读活动，与家庭、社区、社会共同携手营造浓郁的阅读氛围，共同改善学校的教育生态。教育生态以学校为辐射点，向家庭、社区、社会辐射，因此，学校阅读可以向家庭、社区、社会辐射。例如，学校到学生家里了解学生的家庭阅读情况并给予专业的指导，组织学生到社区举办读书会，组织学生到图书馆、艺术中心等社会单位进行实地阅读，同时家庭、社区、社会的阅读资源进入学校，学校和家庭、社区、社会连成同心结，四位一体，互通互促互融，营造良好的阅读学习氛围，通过学科阅读，以学校为连接点的教育生态得到了较大的改善。学校、家庭、社区、社会四位一体，互通互促互融（见图3）。

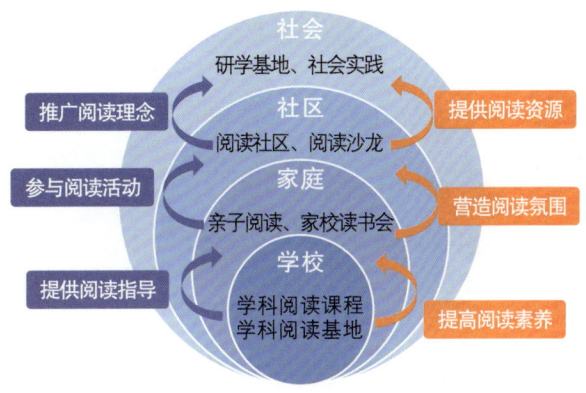

**图3 围绕学科阅读，构建"学校—家庭—社区—社会"为一体的教育生态**

### （二）构建全面系统的学科阅读课程

面向未来发展的学校，需要建构一个以学生为中心，以真实问题为支点，开放共享的教育生态共同体。基于学生的成长发展，依据初中学科教学的规律，结合中考备考，学校配备了相应的图书及学科阅读指导，建立了全面系统的学科阅读课程。基于无界学习的书香校园构建及全学科阅读课程设计，把学校打造成一个人人可学、时时可学、处处可学的无界学习场域。依托学校和社区阅读基地，依据初中学科教学的规律，我们开发全学科的阅读课程，提供项目式学习方法的指导，举办多元评价的展示活动。学生通过课程引领、深度学习、感悟升华、增强体验的过程，达到综合素养提升的目的，赋能学生的全面发展。

例如，通过设置戏剧阅读课程、诗歌阅读课程、口述历史阅读课程、生态阅读课程、科学阅读课程、学科交互式阅读课程等，着眼于学生的核心素养，建立各学科系统完备的阅读体系。学科阅读由学科教师根据学科核心素养的要求、中考备考及学情进行专业的指导。同时，各学科之间进行交互式阅读，打破学科间的壁垒，多学科融合渗透，建立各学科阅读的长效机制（见图4、图5），在阅读中扩大宽度、提升厚度，丰富阅读的内涵，让阅读成为一种常态，通过学科阅读的常态改变教育生态。

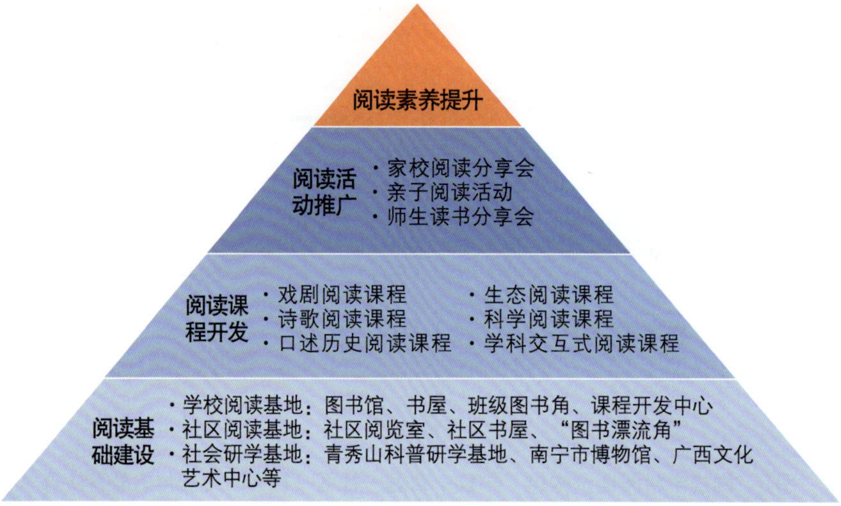

**阅读素养提升**

- 阅读活动推广
  - 家校阅读分享会
  - 亲子阅读活动
  - 师生读书分享会

- 阅读课程开发
  - 戏剧阅读课程
  - 诗歌阅读课程
  - 口述历史阅读课程
  - 生态阅读课程
  - 科学阅读课程
  - 学科交互式阅读课程

- 阅读基础建设
  - 学校阅读基地：图书馆、书屋、班级图书角、课程开发中心
  - 社区阅读基地：社区阅览室、社区书屋、"图书漂流角"
  - 社会研学基地：青秀山科普研学基地、南宁市博物馆、广西文化艺术中心等

图4　学科阅读课程体系示意

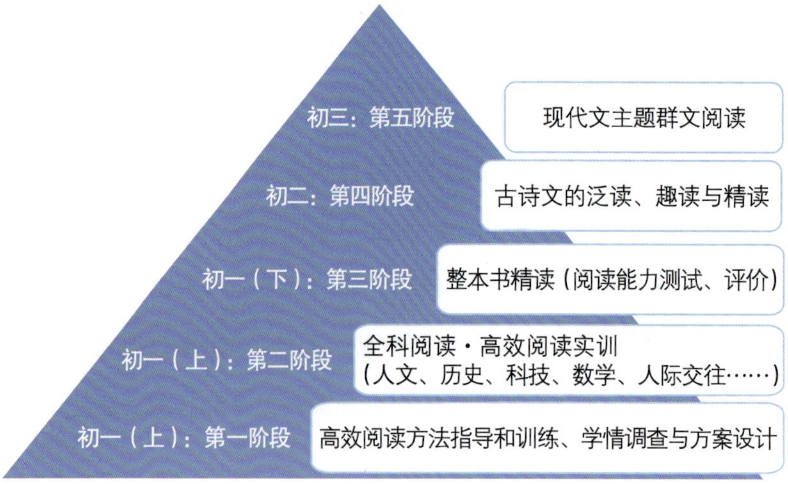

- 初三：第五阶段 — 现代文主题群文阅读
- 初二：第四阶段 — 古诗文的泛读、趣读与精读
- 初一（下）：第三阶段 — 整本书精读（阅读能力测试、评价）
- 初一（上）：第二阶段 — 全科阅读·高效阅读实训（人文、历史、科技、数学、人际交往……）
- 初一（上）：第一阶段 — 高效阅读方法指导和训练、学情调查与方案设计

图5　初中学科阅读实验课程计划

### (三)通过"读、研、悟、演"构建阅读课程模式

阅读分为"读、研、悟、演"四个维度(见图6)。"读"以课程为引领,多种形式进行阅读,如教师开设阅读研讨课、阅读活动课、学科常态课、特色校本课等,指导学生进行多层面的阅读。"研"以课题为支撑,教师以《教育戏剧对培养中学生音乐核心素养的实践研究》《教育戏剧对培养初中生语文核心素养的实践研究》等课题来展开研究,学校有三个自治区级课题和多个市级课题、校级课题获得立项,为教师的"研"打下了厚实的基础,同时指导学生在阅读的基础上进行深入的研究,如开展小组合作学习研究,进行专题研究、实地研学等。"悟"是呈现阅读的收获,教师撰写专著、论文等,学生撰写小论文等,将阅读、研究所得内化为自身的感悟。"演"是对之前的"读""研""悟"进行内化,将作品的内涵用演绎的方式展现出来,在演绎中将学科阅读的所获所得进行内化与输出,既是沉淀,也是升华。"读、研、悟、演"四位一体,学生在阅读中提升学科核心素养,进行多学科的交互式阅读,打破学科阅读壁垒,促进阅读的有效融合。纵横交织,构建了科学、系统的阅读体系。

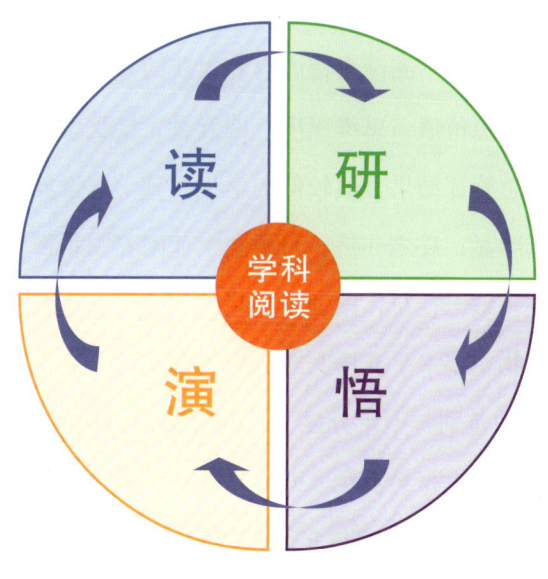

图6 学科阅读"四步走"

## 四、效果与反思

本次研究在南宁三中进行了实践，取得了良好的效果。

### （一）"基于特定素养目标的学生阅读指导的有效性研究"实施效果显著

2015年9月至2017年9月，在南宁三中五象校区进行了"基于特定素养目标的学生阅读指导的有效性研究"的应用实践，取得了以下效果：

一是行为素养逐渐形成，学校建设了书屋、书吧等阅读环境，营造了阅读环境，通过环境熏陶和有效指导等，引导学生养成自主阅读的习惯，促进行为素养的养成。二是自主运营效果显著，鼓励学生自主运营（如自主管理、自主参与、自主体验、自主获知），建立O2O（线上到线下）交流展示平台，学生自主分享与收获。三是德育素养得到提升，通过多种阅读体验活动，从推荐阅读、指导阅读、分享阅读，建立阅读课程体系，在阅读中提升学科学业能力，有效呈现学生的德育素养。四是特定素养目标阶段性成果显著，为了了解高中生阅读状况和学业素养、行为素养之间的关系，选取高二年级三个班级120人，使用问卷调查的方式对学生阅读书籍内容和收获的人文精神、文字水平、体裁样式、学科领域、思想价值、思维深度、阅读量、接受量八个方面进行了测评分析。结果表明：总测评结果分值较低的学生，其学业素养就相对较低，结果分值越低体现得越明显；反之亦然。与语文学业素养关系密切的三个因素对总体语文均分的影响一致，在总体阅读量不足的情况下，体裁多样化对语文学科素养没有帮助，读物文字水平在语文总分中的影响比人文精神大，在作文分方面则相反，但是这种差别并不十分显著；高分值的自然科学类读物阅读缺失，理科阅读测评分值与学生数学素养呈正比关系。

### （二）"学科阅读课程开发与实践研究"的应用效果较好

在新中高考背景下，在核心素养视域下，针对初中生"缺乏阅读体验、阅读视野不够宽广、缺乏语文素养"等问题，2017年9月至2019年9月，在南宁

三中初中部五象校区开展"学科阅读课程开发与实践研究",主要在以下几个方面进行应用并取得了较好的效果:

1.阅读基地建设,丰富学校阅读文化实体。

城市新区学校阅读基地的建设,是开展学科阅读的重要载体,是开展学科阅读的重要基础。为了更好地进行各个学科的阅读,学校成立了三大阅读课程中心,分别是敦品课程中心、力学课程中心、"真·爱"课程中心;建立了校史长廊、乌龙寺讲堂、教育戏剧研究中心、口述历史工作室、音体美阅读工作室等学科阅读工作室;为各个学科根据学科特点和学情进行阅读设计提供了广阔的空间。

2.阅读管理建设,挖掘学生自主阅读意识。

核心素养要求学生自主参与、自主发展,阅读课程的开发和实践则需要长期的运营和管理,因此在阅读管理建设方面,着重培养学生自主借阅、自主管理、自主阅读、自主体验的意识,促进学生发挥阅读主体意识,增强学生的责任意识。

践行自主管理,助力学生成长。从班级图书角的组建、图书借阅和登记,到班级之间图书的漂流,再到书屋书籍分类上架、借阅设备检查、桌椅整理、读者借阅指导,都以学生为主体、教师为主导,充分发挥学生在阅读管理中的主动性,通过阅读管理的建设,培养学生自主阅读意识,助力学生的阅读成长。

3.阅读课程建设,构建多点交互阅读体系。

科学、系统、严密的阅读体系有助于提升阅读效率。在纵向方面,结合小学、高中阶段的相应要求,根据初中教学的规律,学生身心发展的特点,结合中考备考,拟订了初中三年、高中三年的阅读书目,并定制了不同阶段的不同阅读方法和要求,形成了科学、系统、严密的阅读体系;在横向方面,将阅读分为"读、研、悟、演"四个维度,各个学科围绕这四个维度开展学科阅读,并取得了较好的效果。

4.城市新区学校的教育生态得以改善。

通过构建四位一体的阅读同心圆，家庭、社区、社会改变了对阅读的固有偏见，提升了对学科阅读的认知；定期举办阅读活动，如邀请名家进社区开展阅读讲座，举办读书节，与读书运营机构开展阅读公益活动等，形成了浓郁的阅读氛围。以学校阅读为核心，带动周边区域的阅读，从而构建稳定的阅读生态圈，改善教育生态。

总体而言，对学生来说，自身的阅读习惯得以改变，学习成绩有所提升，在阅读中增强了对学科的认识，形成了学科思维，夯实了文化基础，提升了学科素养；在阅读中学会与人交流、合作学习，实现自主管理、自主发展、自主运营、乐学善思；在阅读中不断创新阅读的形式和内涵，扩大阅读视野，增强阅读体验，健全自我人格，增强自我的社会责任意识。由此看来，最终效果是以学生为联动主体，使周边的教育生态得以改变。

（三）研究反思

本研究取得了较好的效果，同时也存在有待改进的地方：

一是学科阅读课程开发应进一步与备考紧密结合。考试是衡量学生学习效果的一个重要方式，尤其是中考、高考，因此，需要结合考试大纲、考试要求、学习规律来开发课程，围绕备考有针对性地设计。这样既能和教学进度相匹配，又能有效提高学生的学习成绩，一举多得，例如可以根据学科考试特点设计一系列的备考阅读课程。

二是应建立学科阅读性知识点分析系统对阅读效果进行有效评价。学科教学过程中有相对应的阅读性知识点，每一次学科测试卷上的命题分布应对知识点的掌握情况有一定的呈现，测试后通过系统后台大数据对其进行数据分析，把握学生在阅读知识点上的不足，为教师在后期教学以及学生后期修正提供有效的数据支撑；同时后台资料库将针对不同学生欠缺的知识点推荐对应的相关书目，以便其选择学习补充，最终在学科学业素养能力上取得更有针对性的提高。

三是评价体系应与综合实践平台在学生综合素质评价体系中相结合，围绕核心素养、学科核心素养对学生的综合素养进行评价，将学生在自主管理、阅读研究性分析和阅读知识素养提升三个方面的成长数据录入学生综合素质评价体系中，形成学生阅读的过程性记录。学科阅读对学生的后续发展及整个人生的发展产生的影响该如何进行有效的测量和评价，是今后需要思考的重要命题。

学科阅读课程的开发和实践能够营造良好的师生阅读氛围，培养学生的阅读兴趣与良好的习惯，使阅读成为伴随终身的生活方式，促进学生的身心健康成长，做到立德树人，全面培养学生的核心素养，从而真正改善城市新区的教育生态。

# 多学科融合视域下的劳动教育探索①
## ——以"耕读园"校本课程为例

**周代许**

中学高级教师,南宁市学科带头人、南宁市优秀青年专业技术人才、南宁市优秀教师、南宁市优秀共产党员,获广西青年五四奖章。

**摘 要** 劳动教育是实践育人的重要方式,融合多学科的劳动教育实现了学科实践育人与劳动实践育人的统一,对学生学科理解和实践能力提升有重要价值。本文以校本"耕读园"建设为载体,构建融合了人文劳动实践、科学劳动实践、劳动教育实践的"耕读园"学科,促进学生全面发展的同时,实现了生态文明校园建设目标。通过组建管理团队、建立奖励机制、开展课题研究等方面为课程实践提供策略支持。

**关键词** 学科融合 劳动教育 校本"耕读园"

---

① 本文发表于《广西教育》2022年7月刊。

2020年3月，中共中央、国务院发布了《关于全面加强新时代大中小学劳动教育的意见》，要求大中小各学段要把准劳动教育价值取向，引导学生树立正确的劳动观，崇尚劳动、尊重劳动，增强对劳动人民的感情，报效国家、奉献社会。2020年7月教育部印发《大中小学劳动教育指导纲要（试行）》（简称《纲要》），提出劳动教育总体目标包括树立正确的劳动观念、具有必备的劳动能力、培育积极的劳动精神、养成良好的劳动习惯和品质。《纲要》提出，要把劳动教育纳入人才培养全过程，丰富、拓展劳动教育实施途径，包括独立开设劳动教育必修课、在学科专业中有机渗透劳动教育、在课外校外活动中安排劳动实践、在校园文化建设中强化劳动文化等。为真正将劳动教育融入学生的学习、生活，以校本"耕读园"建设为举措，以期实现学科融合视域下的劳动实践育人目标。

## 一、实践哲学下的实践育人——劳动实践与学科实践

在教育改革的背景下，普通高中育人方式正在转变，如劳动教育、研学旅行、综合实践活动，实践育人成为改革方向。长期以来，我国基础教育人才培养方式过于单一，存在知识教育与实践活动脱离的倾向，长期以接受式、符号式方式学习，脱离真实生活情景，不利于提升学生的学习动力和实践能力。实践与教育有着密切的关系。只有通过与生产劳动相结合的实践路径培养受教育者，才能真正实现人的全面发展。实践是人最普遍的生活方式和发展方式。实践育人，是指学生在教师的引导下，以问题为中心，在情境中认识与体验客观世界，有目的地运用所学知识，在真实生活、生产、学术情境中发现、分析、解决问题，从而实现个体的全面发展的过程。

美国实用主义教育家杜威提出儿童中心、活动中心、经验中心的"三中心论"，强调教育即生活、生长和经验改造。我国传统文化一直提倡知行合一。"知"的本质是知性、理性与逻辑，是人身心发展的基础；而"行"的本质是感性的活

动与实践，意味着操作、经历、体验。我国教育家陶行知提出"生活即教育"，教育和生活是同一过程，教育被包含于生活之中，教育必须和生活结合才能发生作用。他主张把教育与生活完全熔于一炉，"生活即教育"的核心内容是"过什么生活便是受什么教育"。不管是杜威的"教育即生活"，还是陶行知的"生活即教育"，都反映了教育与生活实践的密切关系。学生生活既包括基本的生活、劳动生活，也包括占据他们大部分时间的学习生活，整个生活包括了学科教育和劳动教育的内容。对于高中生来说，在生产劳动中尝试科学实验，是一种融合性的教育性的实践，而不仅仅是纯粹的生产劳动。因此，在劳动实践中融合学科实践，构建高中生实践育人课程体系，是体现劳动的教育性的重要途径。

## 二、多学科融合视域下的课程开发——"耕读园"校本课程

世界本不分科，社会即生活，生活即教育。多学科融合教学有助于发展学生的综合思维能力，提升学科理解与应用的水平，培养全面发展的能力。现在国内许多学校都开发有基于学科特质的校本课程，数量多、内容丰富，但是往往没有一个统一的主题，在有限的时间和教学空间范围内，不利于学生进入深度学习与探究的状态，投入校本课程的学习精力不足以支持其深入探究。高中育人方式的转变需要载体和基地，需要路径与策略。同时，笔者在教学实践过程中发现，学生熟悉各种电子产品、熟悉网络文化，但是对传统农业生产了解太少，不识五谷，甚至不知道花生和红薯是长在地上还是地下，也不知道春种秋收的农业生产的季节性，农业生产生活经验十分欠缺。同时，由于不知道农业劳动的辛苦，没有体验过除草、浇水、施肥等诸多环节，容易出现浪费粮食现象。经历农业生产的艰辛，有助于学生明白"谁知盘中餐，粒粒皆辛苦"，从而养成珍惜粮食的习惯。

南宁三中基于学校资源条件，建立校本"耕读园"，给每一个班级及学科组提供学科劳动实践基地，让学生有一个充分学习农业知识、进行农业生产的地方。基于实践育人理念，建立以"耕读园"为载体的多学科融合实践校本课

程体系，让学科实践有基地，让学科育人有载体，同时在学科实践劳动中培养劳动观念、劳动精神、劳动能力、劳动习惯和品质。多学科融合的劳动实践场地，有了学科知识的支持，可以成为学生开展学科探究活动的真实场地，为学生进行科学探究提供试验场地和工具支持，实现"做中学、学中做"。

"耕读园"分为蔬菜区、水果区和中草药区，学生利用劳动课时间和课后时间进行劳动、学习。"耕读园"学科融合课程包括四大模块：人文劳动实践、科学劳动实践、综合劳动教育实践和生态文明校园建设实践。（见图1、图2）

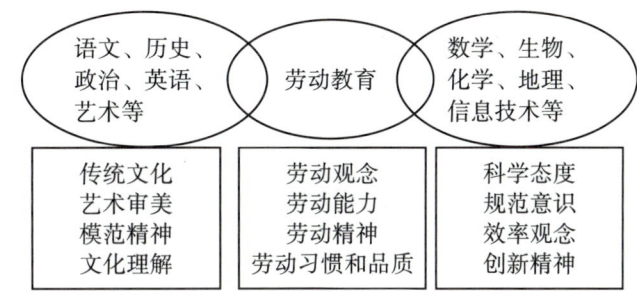

图1 学科与劳动融合的实践

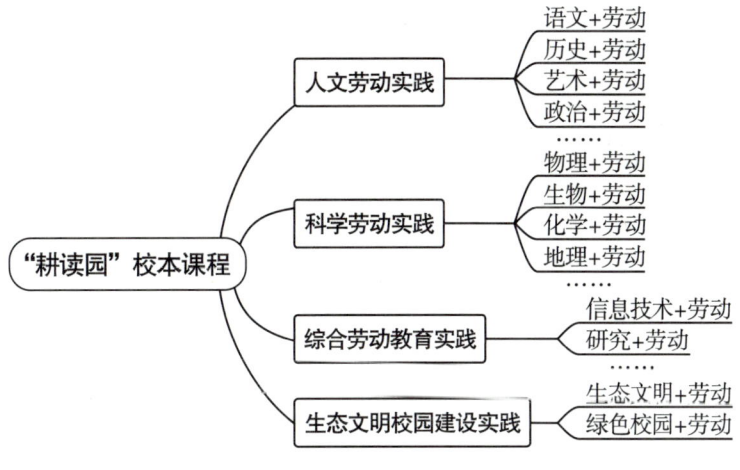

图2 "耕读园"校本课程开发的设计

### （一）人文学科与劳动实践融合

主要是人文学科与劳动教育的融合实践课程，包括语文、历史、政治、英语、艺术等学科实践与劳动实践的融合，如语文实践融合（耕读文化解读、田园劳动诗词鉴赏）、历史实践融合（劳动工具与劳动方式的历史发展、劳动文化的传承等）、政治实践融合（劳模榜样精神解读、劳动中的经济学等）、艺术实践融合（劳动歌曲传唱、田间绘画写真、劳动与舞蹈艺术展现等）。人文模块旨在培养学生对劳动实践中的传统文化、艺术审美、模范精神、文化理解等内容的感悟，形成学科知识/理论融合劳动的实践素养，加深学生对劳动价值的认同，有助于其深入理解学科知识。

### （二）科学学科与劳动实践融合

包括数学、生物、化学、地理、信息技术等学科实践与劳动实践的融合，如技术实践融合（农作机械使用指导、美食加工指导）、化学实践融合（化肥制作与使用、农药使用与检测等）、地理实践融合（农业气候分析、土壤质量检测、农业生产技术指导）、生物实践融合（生物育种、种养技术指导等）。这些学科与劳动融合的实践课程旨在培养学生的科学态度、规范意识、效率观念、创新精神，在科学实验、研究性学习的过程中学会设计科学实验、获取实验数据、开展数据分析、改进实验方案、使用实验技术，在合作实践探索中不断提升自我的动手实践能力，体验类似科学家研究的过程，有助于学生实现深度学习，促进学科素养落地。

### （三）综合劳动教育课程

包括劳动技术、劳动工具的使用、劳动价值、劳动品质等方面的培养与评价，旨在培养学生的劳动观念、劳动能力、劳动精神和劳动习惯和品质。提供班级劳动记录手册，为学生提供劳动工具和指导，引入劳动指导师，让学生掌握劳动技能，完成劳动过程记录和劳动成果、感悟分享。劳动教育是新时代党和国家对教育的重要要求，加强学校教育与社会生活、生产实践的直接联系，能够引导学生认识社会，增强社会责任感；同时，在合作劳动的过程中，学生学会了分工，学会了沟通和互助，体会了新型劳动关系。基于实践的劳动教育，让学生高中三年不仅学会了学科知识，更有了认识和参与世界劳动的能力。积极的价值体验，让学生学会在建设校园、建设家园、建设世界的过程中塑造自我，实现树德、增智、强体、育美的目的。

## 三、"耕读园"对生态文明校园建设的价值

为贯彻落实习近平生态文明思想和党的十九大精神，牢固树立"绿水青山就是金山银山"的绿色发展理念，坚定不移地走生态优先、绿色发展之路，加强学生生态文明教育，建设绿色校园，着力提升师生生态文明素养，影响、带动全校师生参与绿色校园建设。南宁三中开展校本"耕读园"建设，对生态文明校园建设具有重要价值和实践意义。

### （一）传承耕读文化，厚植生态文明理念

中国是农业大国，耕读文化孕育自中国悠久的农耕历史。将农事劳作与知识学习相结合具有重要的传承价值。耕读文化包含两层意思：一个是耕，为了满足衣食生存之需；另一个是读，为了获取发展之力。农耕文明推崇顺应自然，因时因地制宜，与自然和谐相处，寻求可持续发展之路。通过田间劳动，因时因地种植，让学生懂得了大自然的力量，明白了顺应天性、尊重规律的重要性。在耕读中将劳动教育、传统文化教育、实践德育等融合，实现生态文明教育，体验生态文明之美。勤耕细作，才能有所收获，贯穿高中三年的耕读课程，让学生传承耕读文化，厚植生态文明理念，养成一个尊重自然、可持续发展的人。

### （二）基于耕读课程，渗透生态文明教育

耕读课程以传统农耕文化二十四节气为主题，在学科融合中落实劳动教育和生态教育，让学生感受到劳动文化的价值和劳动人民的智慧。植根于农耕文明的二十四节气，融会着中国古人关于天文、历法、音律、养生的智慧，亦蕴含着丰富而深刻的哲学、伦理与美学精神，在国际气象界被誉为"中国的第五大发明"，已被列入世界非物质文化遗产名录。学校开设了"光阴的故事·二十四节气系列"融合课程，包括关于二十四节气的中英文诗歌鉴赏，以及二十四节气的饮食文化、风俗介绍等，让学生在实践活动中体验生态文明的价值，形成尊重自然、爱护自然的人地和谐发展的生态文明理念。在传统文化的学习

中，学生还能感受到文化自信与民族骄傲，有利于培养民族文化认同感，树立正确的理想信念。

### （三）丰富耕读实践，推动生态文明教育深入

建立协作关系，学校与职业院校、农业科学院、大学科研机构等合作，邀请专家入校指导学生开展耕读实践，为学生提供技术支持和指导。从有机肥的制作、土地翻耕、选种育苗、食品发酵等环节进行指导，让学生对农业生产有了更深入的了解。同时带领学生到农科院、农产品加工厂、农业机械生产厂、化肥厂等地开展研学实践活动，让学生对农业相关产业有了更深的理解。生态文明建设具有重要意义，关系着我们生产生活的方方面面，必须让学生理解并深刻认识"绿水青山就是金山银山"发展理念的背景。

## 四、"耕读园"校本课程实践策略

校本"耕读园"的建设与实践需要全校参与，调动全学科教师力量，让全体学生真正参与实践过程。实践的开展需要方法和制度的引领，本研究提出以下三方面实践策略。

### （一）组建管理团队

"耕读园"的维护和管理需要专门的人员负责，因此需要组建管理团队，形成管理方案，才能可持续使用，真正发挥教育的价值。需要对人员、时间、地点做好管理计划，完善管理机制，做好经费预算和使用，包括物资购买、化肥购买、农药购买等都需要一套完善的流程。建议由学校后勤部门协调各年级组开展实践并负责统一采购农业生产物资，同时对农业工具做好管理维护工作。

### （二）建立奖励机制

任何教育活动都需要建立反馈和评价机制，没有评价的教育活动是不完整的。因此，学校应制订实践活动评价方案，以鼓励支持为主，建立过程性评价手册和指导手册，为的是让学生更好地开展实践。同时对研究成果要提供一定

的奖励，打造宣传和分享的平台和路径，让学生享受到学习和劳动的快乐、获得成果的喜悦感和成就感。良好的反馈机制是学生不断进步的关键，让学生在评价中成长，在评价中进步。

### （三）开展课题研究

实践活动的开展离不开教师的指导，建议建立导师制，以小课题研究性学习的方式开展。让学生以小组合作的形式开展生产承包，完成研究性学习设计书；确立指导教师，做好各项事宜的规划之后再开展种植实践。学校要提供一定的培训和指导，特别是方案的制订和方法的选择、工具的使用方面，要有专门的指导教师负责培训学生。同时，为每一个实践小组提供实践导师，实践导师既负责全程提供反馈和支持，也起着监督管理的作用，从而保证课题开展的有效性、可续性。

## 五、小结与反思

多学科融合的耕读课程建设融合了"五育并举"的目标，是具身认知视域下的实践育人，是身心一体、知行合一的全方位教育，是真实情境中的真实学习。校本"耕读园"的教育价值还有很多，学科融合及主题选择还可以跨界开展，综合性与复杂性是提升学生高阶思维能力的重要因素。虽然基于校本建设，但是"耕读园"本身是不局限于校园的，应把校内外的人力、物力资源融入其中，将校本实践基地与社会实践和家庭实践衔接起来。要实现立体式、全方位耕读育人的目标，还需要进一步实践与完善。

• 参考文献

[1] 中共中央，国务院. 关于全面加强新时代大中小学劳动教育的意见 [EB/OL].（2020-03-20）http：//www.gov.cn/zhengce/2020-03/26/content_5495977.htm.

[2] 教育部. 教育部关于印发《大中小学劳动教育指导纲要（试行）》的通知. [EB/OL].（2020-07-07）http：//www.moe.gov.cn/srcsite/A26/jcj_kcjcgh/202007/t20200715_472808.html.

# 高中数学与物理学科深度融合研究
## ——以函数与导数在物理学科中的应用为例

覃俊明

硕士研究生,高级教师,南宁市教学骨干,南宁三中优秀班主任、优秀教师,南宁师范大学硕士生校外导师。

**摘 要** 在自然学科中,数学与物理是联系最为紧密的两门学科。在高中数学课程中,有大量的以物理情景为重要概念的引入,同时还会用到大量的数学逻辑推理、数学分析方法、计算方法以及数学思想。可以说数学是物理研究的重要工具。所以,高中数学与物理学科深度融合研究就非常有意义。本文将以函数与导数在物理学科中的应用为例,探讨数学与物理两门学科的深度融合。

**关键词** 函数与导数 物理教学 深度融合

应用数学知识解决物理问题是物理学科学习中最重要的能力。数学建模是数学学科素养中的重要一环，物理为数学建模提供情景。高中阶段常用到的数学思想有函数思想、方程思想、分类思想、数形结合思想、归纳思想、极限思想和集合思想等，它们在物理研究中随处可见。在物理学中引入数学概念后，可实现物理从定性到定量的研究，进而实现物理从量变到质变的飞跃，所以物理研究离不开数学工具，高中数学学习也离不开物理背景。

　　在高中物理课程中，数学学科作为工具学科主要体现在以下几个模块：函数思想研究物理规律，函数与导数研究物理临界值、最值，三角函数研究简谐运动规律、机谐波的运动规律、交流电的规律，几何研究光学、带电粒子在磁场中的运动，向量在力学中的应用，等等。由此可见，高中物理的每一个重要板块都与数学密不可分。本文从函数与导数在物理学科中的应用为例，探讨数学与物理两门学科的深度融合。

## 一、利用函数单调性研究物理图象问题

　　在高中数学中，函数与函数的性质是十分重要的板块，也是其他理科学科的基础，特别是函数在物理学中的应用。物理学科中很多物理情景最后都是通过数学建模方式来建构合适的函数关系式，然后通过研究函数性质反过来解释物理现象的。比如，高中物理的物体直线运动规律，电磁感应中的磁通量与速度关系，物体受变力做功问题等，都是非常典型的函数问题。但是，其中最难的问题还是物理情景的数学模型构建，需要教师引导学生抽象概括出情景中的变量与因变量，从而通过实验确定函数模型，如以匀变速直线运动的斜率的应用为例。

## （一）一次函数在直线运动中的应用

**例1：** 已知如下两个$v-t$图（图1、图2），请描述两图中物体的运动状态。

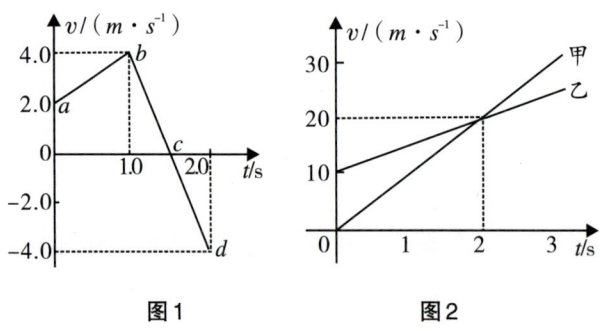

图1　　　　　　　图2

【解析】（一）从图1的$v-t$图象可以分析得出以下4点运动状态：

1. 由坐标轴上的符号是$v$和$t$说明图1表示的是$v$与$t$有函数关系，由$a=\dfrac{\Delta v}{\Delta t}$，所以图1的$v-t$图象中的直线斜率表示物体直线的加速度。又由$x=vt$，因此图1的$v-t$图象围成的面积表示物体位移$x$。

2. 图象中出现的位移$x$、速度$v$、加速度$a$都是有大小且有方向的量，在物理学中叫作矢量。图1的$v-t$图象中在$v$轴上方的表示物体速度为正方向，相反$v$轴以下速度为负方向。因此，区间$(a,b)$运动速度为正方向，$(c,d)$运动速度为负方向。由于区间$(a,b)$段直线斜率大于0，故加速度为正；区间$(b,d)$直线斜率小于0，则加速度为负。区间$(a,c)$部分在$t$轴的上方表示位移是正方向；相反，故$(c,d)$部分在$t$轴的下方表示位移是负方向。

3. 综上所述，物体在$(a,b)$的运动状态为匀加速直线运动，在$(b,c)$段的运动状态为匀减速直线运动，在$(c,d)$段的状态是做反向匀加速直线运动。

4. $a$处表示物体初始速度为$2.0/ms$，$b$处开始速度由最大值开始减小，$c$处说明速度已减小到0。

（二）从图2的$v-t$图象可以分析得出以下几点运动状态：

1. 图2的$v-t$图象中有两个物体在运动。它们有着不同的初始速度，甲物体的初始状态是静止，乙以$10/ms$的速度开始。

2.由于甲的直线斜率大于乙的直线斜率，因此甲的加速度大于乙的加速度。

3.综合图2的 $v-t$ 图象信息，甲的速度比乙的大，一定会在某个时间追上乙，之后甲与乙的距离又开始拉大。

### （二）电磁感应中的图象问题

与物体的匀变速直线运动的图象相比，电磁感应中的图象问题要复杂许多，其涉及的变题间的关系更为复杂，所用到的数学模型也更为复杂，但其问题的本质依然是根据函数关系找到物理量之间的关系，以及理解图象的含义。

**例2**：图3是 $B-t$ 图，设线圈面积为 $s$，穿过线圈的磁感应强度变化如图乙所示，请分析线圈上产生的感应电流的变化情况。

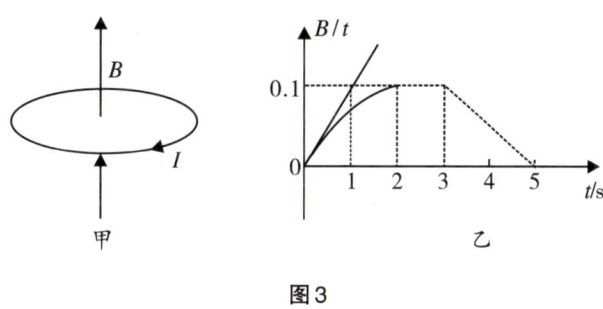

图3

【解析】感生电动势 $E=n\dfrac{\Delta\Phi}{\Delta t}s$ 和动生电 $E=Blv$ 是法拉第电磁感应定律 $E=n\dfrac{\Delta\Phi}{\Delta t}$ 的两种特殊情况。由公式 $\dfrac{\Delta\Phi}{\Delta t}$ 可知，感生电动势是 $B-t$ 图象中曲线的切线斜率，从而根据 $B-t$ 图象的切线斜率就可以直观地反映感应电流 $i$ 和电动势 $E$ 的变化情况。由乙图的 $B-t$ 图象可知，其斜率在区间(0,2)上由大变小、在区间(2,3)上斜率为0、在区间(3,4)上斜率恒定不变且为负数。因此，图3的电动势和电流的变化趋势为：先由大变小，然后为0，最后恒定不变。

## 二、利用函数单调性、极值解决物理最值问题

物理规律往往用一个函数表示，因此可以利用函数的单调性、极值或其他的性质讨论物理中的临界值。

**例3**：根据闭合电路欧姆定律，已知出输出功率 $P_出 = P_总 - P_内 = P_总 - I^2 r = \dfrac{E^2}{r+R} - \left(\dfrac{E}{r+R}\right)^2 r = \dfrac{E^2 R}{(r+R)^2} = \dfrac{E^2}{R + \dfrac{r^2}{R} + 2r}$。

由此可得，输出功率 $P_出$ 与外电阻 $R$ 的关系图象如图4所示。

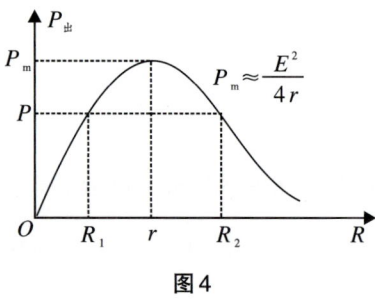

图4

根据图4的图象特点，电阻先增后减，导致输出的功率由大到小，从导数的极值来看就是先增后减，所在 $R = r$ 时取得极大值（也就是最大值）。

在物理学中，物理量与物理量之间的关系实际上就是函数两变量的关系。通过数学建模，我们可以建立起物理量的函数关系后研究函数的性质，从而研究物理量之间的关系。所以，物理学教师在教学过程中应当逐渐培养学生的函数思想，引导学生利用函数解决物理学中的实际问题。

### 三、导数在物理学中的应用

**例4**：如图5所示，绝缘的水平面板上有两条平行的导电金属，每米的电阻是 $r_0 = 0.10\Omega/m$，导线P、Q电阻可以忽略不计，导轨间的距离为 $l = 0.20m$。垂直于桌面的匀强磁场随时间变化而变化。已知磁感应强度 $B$ 与时间 $t$ 的关系是 $B = kt$，系数为 $k = 0.02 T/s$。一电阻不计的金属杆可在导轨上无摩擦滑动，在滑动过程中保持与导轨垂直。当 $t = 0$ 时，金属杆紧靠在P、Q端，在外力作用下，金属杆以恒定的加速度从静止开始向导轨的另一端滑动。求在 $t = 6.0s$ 时，金属杆所受的安培力。

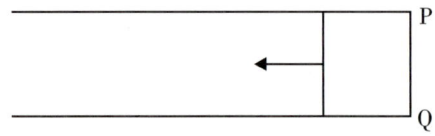

图5

【解析】假设金属杆的加速度为 $a$，在某时刻 $t$，金属杆的位移为 $L = \frac{1}{2}at^2$，此刻金属杆的速度 $v = at$，电路内磁通量 $\varphi = BS = kt \cdot \frac{1}{2}at^2 l = \frac{1}{2}klat^3$。根据电磁感应定律有 $E = \frac{d\varphi}{dt} = \frac{3}{2}klat^2$，电路电阻 $R = 2Lr_0 = at^2 r_0$，电路电流 $I = \frac{E}{R} = \frac{3kl}{2r_0}$，安培力 $F = BIl = kt \cdot \frac{3kl}{2r_0} \cdot l = \frac{3k^2 l^2 t}{2r_0} = 1.44 \times 10^{-3} N$。

这道题中的感应电动势是由切割磁感线的快慢来定义的，从数学的角度来看就是变化速度的快慢，用导数可以完美刻画：$E = \frac{d\varphi}{dt}$。此外，还有瞬时速度 $v = \frac{dx}{dt}$、加速度 $a = \frac{dv}{dt}$、合外力 $F = \frac{dP}{dt}$、瞬时功率 $P = \frac{dW}{dt}$ 等物理概念，它们都可以用导数来定义。

## 四、定积分在物理中的应用

**例5**：弹簧的右端固定，左端与一质量为 $m = 0.5kg$ 的方块连接，如图6所示，弹簧处在初始状态，物块与水平面间的动摩擦因数 $\mu = 0.067$，以方块初始状态为原点、正东方向为正方向建立十字坐标系，设F为对方块施加水平向右的外力，F随x轴坐标变化的函数为 $F = \sqrt{x}$。如图7所示，物块运动至 $x=1m$ 处时速度为零，则此过程物块克服弹簧弹力做的功为（g取10m/s2）（    ）。

A.0.23 J　　　B.0.16 J　　　C.0.37 J　　　D.3.20 J

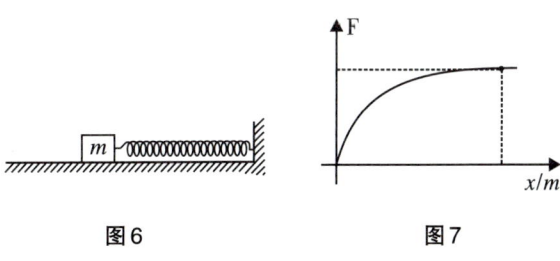

图6　　　　　　　图7

【解析】弹簧受到的力不是恒定的，也不是线性的，而是F随x轴坐标变化的函数为 $y = \sqrt{x}$ 变化而变化的。物块与水平面间的摩擦力为 Ff=μmg=0.3N。现对物块施加水平向右的外力 F，由 F-x 图象面积表示功可知，物块运动至 $x=1$m 处时 F 做功为由直线 $x=1$、$x$ 轴和曲线 $y=\sqrt{x}$ 所围成的曲边梯形的面积，由定积分 $W=\int_0^1 \sqrt{x}\,dx=\frac{2}{3}$ 得 W=0.67 J，克服摩擦力做功 Wf=Ffx=0.3 J，由动能定理得 W−Wf−W弹=0，解得 W弹=0.37 J。

故 C 正确，A、B、D 错误。

这道题是典型的求变力做功问题。因变力不是线性的，所以要求出所形成的面积只能借助于数学的定积分。这实际上就是先分是无限分割后无限相加的微分与积分思想。类似的应用在物理学中还有很多，如求变速直线运动的位移 $x=\int_a^b f(t)dt$，$v-t$ 图象的面积表示位移，求变功率做功 $W=\int_a^b p(t)dt$，$p-t$ 图象的面积表示功，求变力冲量 $I=\int_a^b F(t)dt$，$F-t$ 图象的面积表示冲量，利用动量定理求安培力做功时 $I=\int F_{安} dt$，其面积表示变化电流电量。

由于高中阶段函数与导数相对物理的应用是滞后的，因此高中物理教师要利用导数解决物理问题时，要注意学生是否对导数的概念有足够的理解，学生如果还未充分理解微分和积分的思想是很难把导数应用到物理中去的。另外，物理中有许多对学生理解微积分概念有帮助的素材，数学教师也要掌握一些物理学中常见应用导数解决问题的例子，拓展自身的知识面，从而更好地服务于教学。

# 德育视角下高中中英双语学科融合二十四节气课程实践探究

## ——以二十四节气之谷雨为例

施敏婕

硕士研究生,中学一级教师,共产党员,南宁三中优秀教师。曾多次荣获全国教学评比活动一等奖,两次担任校级双语公开课教师。

**摘 要** 二十四节气作为文化传承的重要载体,是中华优秀传统文化教育中优秀的德育内容之一。如今学生对二十四节气文化知之甚少。针对这一现象,本文对挖掘二十四节气的德育内涵进行有效探讨,同时以高中中英双语学科融合二十四节气文化教学和实践,以谷雨节气为例,基于CLIL(Content and Language Integrated Learning 的首字母缩写,意为内容和语言整合学习)教学模式进行课堂设置、课堂评价和课堂反思,让学生习得如何用双语表达二十四节气的同时,渗透德育工作,引导学生了解二十四节气文化的历史渊源、发展脉络、精神内涵,增强文化自觉和文化自信。

**关键词** 二十四节气 中英双语学科融合 CLIL教学模式

## 一、研究背景

《义务教育英语课程标准（2022年版）》指出，要落实立德树人的根本任务，应"坚持德育为先，提升智育水平，加强体育美育，落实劳动教育"（教育部，2022）。中小学必须把德育工作摆在素质教育的首要位置（教育部，2017）。德育，即道德教育，它是对学生的一种价值教育（檀传宝，2006）。高中生处于世界观、人生观及价值观形成的关键时期，对其开展道德教育举足轻重。《中小学德育工作指南》指出"利用春节、元宵、清明、端午、中秋、重阳等中华传统节日以及二十四节气，开展介绍节日历史渊源、精神内涵、文化习俗等校园文化活动，增强传统节日的体验感和文化感"（教育部，2017）。二十四节气是上古农耕文明的产物，它在我国传统农耕文化中占有极其重要的位置，其背后蕴含了中华民族悠久的文化内涵和历史积淀，是中华文明的宝贵遗产。在当今社会，二十四节气作为文化传承的重要载体，却很难有效发挥其作用和价值。因此，将二十四节气与学科融合起来，不仅符合当下"双减"背景下的要求，且能够让学生更好地学习古人与自然和谐相处的精神，培养学生天人合一的处世态度，了解二十四节气中展现的不屈不挠精神，从而帮助学生树立正确的价值观、人生观和世界观，提高学生的综合素质。

## 二、高中中英双语学科融合二十四节气课程整合的内涵和德育内容

### （一）高中中英双语学科融合二十四节气课程整合的内涵

跨学科融合教学是人才多元化的重要培养路径（马庆，2021）。作为语言类学科，高中语文和英语作为文化输出的重要载体，可以将二者当中的共通之处进行有效整合。党的二十大报告指出，要"加强国际传播能力建设，全面提

升国际传播效能,形成同我国综合国力和国际地位相匹配的国际话语权"。英语课程兼具工具性和人文性双重属性,这决定英语不仅是语言媒介,更是传播中华文化的重要载体。作为基础教育三大主科之一,英语教学除承担英语知识和语用能力的传授责任外,还肩负讲好中国故事、传播好中国声音的责任。现如今的英语教学中也存在这样的问题,对于外国文化的输入较多,学生接触的也多数是非母语文化的表达,当涉及中国的历史和传统习俗的话题时就显得不知所措,不会用准确的英语来介绍中国文化,不能有效地表达自己基于中国文化价值的观点和意见(戴慧敏,2020)。从丛(2000)将这一中西文化教育失衡的现象称为"中国文化失语症"。作为外国语言学习者,一旦中国文化失语,在中外交流中就会失去自主性,在形形色色的外国文化面前难辨良莠,甚至数典忘祖(陈静,2018)。因此,一堂课中,以二十四节气文化作为主要内容,用语文和英语知识互相渗透教学,既能够让学生深刻理解二十四节气的中文含义和相关背景知识,又能让学生在中文理解的基础上学到二十四节气知识的相关英文内容。同一个概念在不同的语言文化中有不同的诠释,凸显了用英语讲好中国文化的重要性,保证了中英双语学科之间的联动关系可以真正实现自主化拓展,实现教学知识面的纵向化发展,提升学科的核心素养,甚至在提高教学质量的同时,渗透德育教学,培养文化意识。通过这个过程,使学生在知识的探索中增强了用不同语言学习二十四节气文化的能力,也提升了中英双语知识的综合运用能力。

**(二)高中中英双语学科融合二十四节气课程整合的德育内容**

传承发展二十四节气文化,青少年群体是不可或缺的新生力量。2014年3月,教育部发布《关于全面深化课程改革 落实立德树人根本任务的意见》指出,"要根据学生的成长规律和社会对人才的需求,把对学生德智体美全面发展总体要求和社会主义核心价值观的有关内容具体化、细化,深入回答'培养什么人、怎样培养人'的问题。教育部将组织研究提出各学段学生发展核心素养体系,明确学生应具备的适应终身发展和社会发展需要的必备品格和关键能力，突出强调个人修养、社会关爱、家国情怀，更加注重自主发展、合作参与、创新实践"（教育部，2014）。因此，作为人类非物质文化遗产，二十四节气涵盖了颇为丰富的文化知识，如文学、健康、艺术、科学等，这对于陶冶学生情操，提高学生的审美感受能力，培养学生科学严谨的学习和工作态度具有重要意义。

在开展中英双语二十四节气课程整合中，可以包含以下三个德育内容：课堂育人、校园环境育人、实践育人。第一，课堂育人主要体现在以中英学科教学为支点，课堂主题活动为桥梁，在节气当天开展有效的课程整合，教师通过整理二十四节气相关资料，挖掘其中的德育价值，如爱国观、生态观、家庭观、社会观，并运用双语介绍二十四节气文化，让学生在了解背景知识的同时也能够掌握以双语介绍二十四节气文化及其价值的能力。第二，在校园环境育人中，学校可以依托校园环境资源，开展二十四节气文化双语宣传长廊，或让学生利用闲暇时间去图书馆自行查阅有关二十四节气的双语知识，手绘双语海报，并选取优秀作品进行展览。在移动图书馆和阅览室摆放二十四节气的相关书籍，真正让校园拥有一个关于二十四节气的双语文化场，让德育文化和传统文化渗透到学生的日常生活当中。第三，实践育人。利用好学校"耕读园"，让学生了解与二十四节气有关的农耕知识，并进行实地操作。此外，学校可以组织学生打造"双语畅说二十四节气"文化角，让学生利用课上所学知识用双语表达二十四节气文化，不仅增强了民族自信，同时培养了学生的爱国情怀、国际视野、文化意识、思维品质、人文素养和沟通能力，帮助学生树立正确的历史观、国家观、民族观、文化观，有助于学生在未来主动积极地与来自多元文化背景的人们共同构建人类命运共同体（梅德明，2018）。二十四节气中的德育内容在中英双语课程的整合下，使学校的工作与传统文化有机结合，与学生的日常生活有机结合。结合本校的传统和优势，学生的兴趣与需要，开发特色节气德育项目。力图体现个人、社会和自然的内在整合，体现科学、人文、道德的内在融合（包永胜，2018）。此举把课程主导与学生主体有机结合起来，发挥了教育的最大效果。

## 三、高中中英双语学科融合二十四节气课程的实施——以谷雨为例

立足于德育视角下，二十四节气课程可基于CLIL教学模式，把德育、文化、语言以课堂教学的方式融为一体，让学生能够在中英双语课堂中提升自己对二十四节气文化的认知。

CLIL一词由大卫·马什（David Marsh）在1994年首次提出。CLIL指的是通过外语学习一门非语言学科的全部或部分内容，具有双重目标，学生在学习学科内容的同时习得外语。就CLIL的具体特点而言，大卫·马什认为CLIL教学模式具备五大特性，即文化、环境、语言、内容和学习特性（大卫·马什，2002）。因此，围绕二十四节气文化下的德育主题，教师在室内课堂教学时需注意布置与当天节气有关的场景，营造节气氛围。

### （一）课前准备

以谷雨节气为例，根据谷雨的习俗，教师需提前准备好和谷雨节气相关的活动，如可以在食材、摆设、着装上营造谷雨文化氛围。

### （二）课堂展示

首先，可用2022年第24届北京冬季奥林匹克运动会开幕式上出现的二十四节气倒计时作为导入，二十四节气文化作为人类非物质文化遗产，让学生体验其中的中国式浪漫，感受其独特魅力，提升学生文化自信的同时也告诉他们文化需要代代传承的重要性。接着，提到"雨"一字，教师可用英文引导学生想出有关"雨"的英文表达，并向学生展示"雨"在英语中的不同表达，有着不同的外延含义。然后延伸到"雨"在中国也有很多文化，引起了学生跨文化思考。在学生跨文化思考的同时，教师便呈现"谷雨"一词，告知学生，与西方国家不同的是，谷雨在中国文化中还能单独成为一个节气，由此展开对谷雨节气的解说。

第一，认识什么是谷雨。在这一环节中，教师结合现有知识对谷雨一词的含义、由来及时间范围予以讲解和阐述。

第二，在讲解谷雨由来的同时，可适当插入一些中国古代传说，为谷雨节气营造一丝神秘色彩。谷雨和仓颉造字有关，这里教师可以"借题发挥"，通过小活动，让学生设想自己是仓颉，在没有文字的时候如何根据所看到的雨来创造"雨"一字。此课堂小活动激发了学生的创造力，同时也让学生了解到"雨"的汉字演变过程，体会到古代人民的伟大智慧。作为新时代的学生，有义务也有责任把古人给我们留下的智慧传承下去，同时还要善用自己的想象力造福社会。

第三，教师可对谷雨节气的特征及有关"雨"的诗句进行双语说明和分享，让学生感受两种不同语言文化对"雨"的表达。

第四，教师运用图片或视频，向学生展示谷雨的节俗活动，主要有品茗、食香椿、赏牡丹等。在知识讲解完成后，邀请学生在课堂上，亲身体验谷雨活动，感受谷雨节气带来的变化。在教学渗透中，教师对知识进行扩展和完善，通过对不同区域谷雨的习俗活动的讲解，以及主题活动的组织，如品茗，通过学生品茗、教师双语讲解品茗注意事项等活动，不仅培养学生的动手能力及审美情操，而且提高了学生运用外语讲解品茗习俗的能力，从而提高学生的综合能力。同时也可以通过春播夏种等活动的开展，带领学生到"耕读园"进行实践操作，让学生了解谷雨对农事的影响，了解在谷雨前需要做足的准备工作，体会农民的辛劳，并学习他们的精神，进而丰富自身的情感意识。由文化和大自然结合，这样的教学模式和方法，不仅打破了传统教学的限制，加深了学生对二十四节气的了解和掌握，同时也丰富了教学内容，实现了综合型人才培养目标。

第五，临近课堂结束，可要求几名学生分别用中文和英文表述自己在这节课上所学到的知识，这既提高了学生的双语表达能力，也加强了本节课的德育教育。

## 四、德育视角下二十四节气课程的评价

课程评价应体现学生的综合素质提升功能。教师要引导学生积极展示学习成果，在习得语言的同时，学习和传承传统文化，优化学生的传统文化储备。

### （一）注重评价方式的多样化

提倡形成性评价和终结性评价相结合，更多地落实形成性评价。教师要注意收集、积累能够反映学生学习和发展的资料（杨建达，2020）。例如，学习完二十四节气之谷雨这堂课后，教师可以引导学生写下双语总结，积累有关谷雨的双语表达，自创关于谷雨的诗歌，激发自己的想象力和创造力。在学生去"耕读园"实践的同时，可以让他们记录耕读日记，记录各节气期间农作物的变化，等等。教师可采用学生"成长档案袋"，记录学生的收获和成长。

### （二）坚持评价主体的多元化

坚持评价主体多元化、共同参与过程评价。加强学生自我评价和相互评价，尊重学生的差异，让学生家长、社区等参与，争取社会对节气课程的关注和支持（杨建达，2020）。例如，可设立学校二十四节气双语文化角，学生可采用小组合作方式进行角色扮演，向"外国友人"双语解说二十四节气，并进行评比。学生在互助的过程中，加强双语沟通能力和合作能力。同时，学生在家也可以和家长进行节气活动，比如冬至时包饺子、祭祖等。另外，还可带领学生参加有关二十四节气的社区志愿服务活动，让他们记录过程，收集有关评价性材料，从而全面渗透德育教育。

## 五、反思

开设二十四节气课程，既是对传统文化的传承，也可通过课程更好地发挥育人的作用。教师既要看到成绩，更要清醒地认识到存在的问题和不足，从而及时调整课程实施策略。

## （一）问题

首先，在课程实施中，教师往往以单个节气为主题设计活动，这样整体性被破坏，使得学生的认知处在局部、零碎的状态。因此，教师是否能以季节为单位设计连续性的主题实践活动，值得每一位教育者思考（杨建达，2020）。

其次，实施二十四节气课程时大多数活动还是局限在校园内，学生通过画、读、写等形式所获得的知识终究是不完善的。如何让学生在保障安全的情况下走出去，在大自然的课堂中去探索、去体验，将是今后一个重要的课题（杨建达，2020）。

再次，双语课堂的二十四节气课程实施起来难度较大，对教师专业能力要求较高。如何在课堂上学得内容的同时习得外语，并能正确表达二十四节气文化，避免"中式英语"。这需要一个长期的探索，也需要教师不断更新自己的知识储备。

## （二）展望

首先，随着数字化对教育影响程度的加深，学校传统文化教育要面向社会与未来，积极挖掘地方资源，探索科学的教学模式，创新和丰富传统文化教育的形式，赋予新时代德育的新内涵。教学只有适应时代，才能培养学生对传统文化的兴趣，也才能落实立德树人的根本任务。

其次，二十四节气可以形成典型课例和活动方案。教师在引导学生参与体验各种活动过程当中，寻求更多符合学生身心发展的活动方式和策略，提高学生对节气文化的认同感，将获得的节气知识用到生活当中，并不断地调整自己的思想与行为，实现科学、人文、道德的内在融合。

总之，二十四节气文化是经历了数千年才形成的一个综合体，蕴含丰富的德育资源。在中英双语课程融合的整合模式之下，双语二十四节气课程不仅符合当下"双减"的需求，还体现了两种语言文化的互动和结合，让学生习得的两种语言文化能力互相促进。在课堂中引入中国文化中的二十四节气，为语言学习提供大量素材，可以发挥中国文化的支架作用，丰富学习内容，激发学生内在潜能，有利于学生跨文化交际能力的培养。除语言层面的提升外，更重要的是二十四节气中德育文化对学生的渗透，节日德育课程是其他学科无法替代的。学生不仅能在课堂中习得二十四节气文化知识，还能参与社会实践，成为节气文化的探索者和传承人，身体力行，成为社会改造的践行者。教育过程是个内化和外化的过程，学校需要挖掘二十四节气资源，探索二十四节气的文化底蕴和时代精神，想方设法调动学生的积极性、主动性，启发学生进行自我教育的愿望，然后给以指导。把融入了语言和文化的节日教育与德育工作有机结合，与学生日常相结合，让德育工作在中国传统文化的渗透下充满生机和活力，有利于全面促进学生的发展、教师的发展和学校的发展。

● 参考文献

[1] Marsh D. CLIL/EMILE-the European Dimension：Actions，Trends and Foresight Potential [M]. Public Service Contract DG EAC：European Commission，2002.

[2] 包永胜. 依托"二十四节气"的德育课程整合实践研究 [J]. 课程教育研究，2018（18）：224-225.

[3] 从丛. "中国文化失语"：我国英语教学的缺陷 [N]. 光明日报，2000-10-19.

[4] 陈静. 培养优秀翻译人才 讲好中国故事 [N]. 甘肃日报，2018-11-02.

[5] 戴慧敏. 在高中英语教学中融合中国文化的实践探索 [EB/OL]. https：//mp.weixin.qq.com/s?src=11&timestamp=1669100691&ver=4181&signature=3bX8QvEFONTF2NHSYwEb6H43dKmsjqskgKf9ncoqWOI9t6yDroJukgfk-UJAzZqRRG1FiZWTggw0YMdKAIhBWn-TytB8mEx62drAzdnmcMzYNM6h8mYJjtvjbqRyOHb1f&new=1.

[6] 教育部基础教育司. 中小学德育工作指南实施手册 [M]. 北京：教育科学出版社，2017.

[7] 中华人民共和国教育部. 义务教育英语课程标准（2022年版）[M]. 北京：北京师范大学出版社，2022.

[8] 教育部关于全面深化课程改革 落实立德树人根本任务的意见 [EB/OL]. http：//www.moe.gov.cn/srcsite/A26/jcj_kcjcgh/201404/t20140408_167226.html.

[9] 李盼盼. 科学课中二十四节气的渗透 [J]. 小学科学（教师版），2020（6）：1.

[10] 梅德明. 新时代外语教育应助力构建"人类命运共同体" [N]. 文汇报，2018-02-09.

[11] 马庆. 中学跨学科融合教学实践研究. 学园 [J]. 2021（26）：4-5.

[12] 檀传宝. 道德教育的边界：道德教育与相关概念的关系 [J]. 中国德育，2006（11）：4.

[13] 杨建达. 德育视角下"二十四节气"课程的整合与实施 [J]. 现代教育，2020（24）：3.

『百年名校正青春』

无界学习

# 第二章
## 跨学科的课后活动

# 探索无界学习·培养创新人才
## ——记南宁三中的跨学科课后活动

谢展薇

初中部五象校区科研处副主任,南宁市教学骨干,南宁市历史学科中心组成员,市级优秀历史教师。曾获教育部"一师一优课、一课一名师"活动部级优课,广西中学历史微课征集评选活动初中组一等奖。

**摘 要** 新时代下,学校需要站在新时代发展全局,培养兼备文化自信、家国情怀和国际视野、跨文化沟通能力的未来人才。为此,学校必须提高课后活动的质量,开展丰富多彩的科普、文体、艺术、劳动、阅读、兴趣小组及社团活动,满足学生多样化需求。南宁三中以课程基地为依托,整合学校教学资源,推出了丰富多彩的校本课程以及各具特色的学生社团活动,成为南宁三中无界学习的一张亮丽名片。

**关键词** 跨学科学习 校本课程 学生社团

进入21世纪，国家先后颁布的《2003—2007年教育振兴行动计划》（2004年3月）、《国家中长期教育改革和发展规划纲要（2010—2020年）》（2010年7月）等重要文件不同程度地强调："以培养学生的创新精神和实践能力为重点，继续全面实施素质教育""着力提高学生的学习能力、实践能力、创新能力""培养学生良好的审美情趣和人文素养"。

2014年，教育部印发《关于全面深化课程改革 落实立德树人根本任务的意见》，提出"教育部将组织研究提出各学段学生发展核心素养体系，明确学生应具备的适应终身发展和社会发展需要的必备品格和关键能力"。

习近平总书记在党的二十大报告中指出，"科技是第一生产力、人才是第一资源、创新是第一动力"。党的二十大报告强调，要"着力造就拔尖创新人才"。广大教育工作者将以此为使命，实现拔尖创新人才培养的两个创新：一是方法创新，以学习共同体的形式聚焦行动改进，实现培养方案和策略的优化迭代；二是模式创新，既面向全体，挖掘、培养每一个人的创新潜能，又兼顾个性，以明远学院的形式打破学制束缚，真正实现学前教育到高中教育贯通培养，办适合每一个孩子的教育。国家对"人才培养"，尤其是创新人才的培养，提出了非常具体和明确的愿景。

南宁三中针对传统创新教育当中存在的内容单调孤立、人文创新不足，忽视学术引领、研究意识不强，培尖方式单一、平台建设不足，课程领导缺位、实施保障不足等具体问题，立足于中学生的创新素养提升与可持续发展，进行了长期而有效的实践研究。具体实践包括明确人文创新的先导作用，用校本课程和课后活动的创新引领创新课程走向融合阶段，建立起素养导向下的创新课程，明确每项课程的素养目标、课程内容、课程实施流程、课程评价等内容，强化社团活动、学术研学，推动人文和科技课程融合育人。

## 一、为什么选择无界学习

### （一）基于对育人目标的完整理解

众所周知，国家要求我们所要"立德树人"的"人"是一个完整生长的人、具有全面素养的人。这是因为少年儿童是完整的人，生活是不分学科的，少年儿童的全面成长需要我们拥有完整的教育视域，即完整育人，我们通过实践寻觅到支撑这种完整育人的主要路径，那就是无界学习。

### （二）源于对教育弊端的深度思考

"为什么我们的教育总是培养不出杰出的人才？"2005年，钱学森将这一惊天之问抛给了所有的中国教育人。其实人尽皆知，创新是一项综合性极强的活动，它需要我们有完整性视域、求异性思维。当下传统教育存在的思维线性化、资源碎片化、能力单一化等弊端，显然无法保证少年儿童的完整学习，自然无法促成完整性视域、求异性思维的培育，更毋谈使少年儿童成为全面发展的完整的人了。

因此，如何提升学生的综合素养，培养其整体融通的思维观和完整地面对生活、解决问题的能力；如何培植教师的综合性思维，激活教师的大智慧，促进教师专业持续自觉发展；如何打破学科壁垒，寻找课程内容的最佳整合点，创设综合性学习情境，成为摆在我们面前的课题。

### （三）源于对相关理论的深度研习

我们从中国古代"天人合一"的理念中、在中医整体哲学观中获得启迪，国外也有很多理论给我们启发，比如系统论、协同学、突变论、模块说，以及美国的现代教育课程专家小威廉·E.多尔的"混沌学"等。其中"美第奇效应"则从"整体观之"一词引导我们走向"跨界聚焦"：在思想、观念和文化交汇时，最容易爆发灵感、产生创意、出现突破。而实现交汇的基本前提在于跨界。

因此，我们以为只有真正占据"素养整合点""学科跨界点"，基于"国家课程"，奏响"无界整合"三部曲（解构—重构—结构），实施"学科+"理念，引导学生无界学习，才能有效培养学生的整合意识、整体思维、融通能力、创新精神，培养一个真正完整的人。

## 二、无界学习的内涵解读

无界：兼具打通学科、融通知识、联通时空、变通角色、贯通生活之意，可助推整合思维、促成复合行为、产生聚合效应。

无界学习：指跨越边界、整合融通的学习方式，是助推少年儿童完整发展的一种学习方式。即根据学习（价值）主题，跨越学科、时空、身份、文化等边界，以"无界整合"为主要策略，以"学科+"为思维载体，以"无界整合式创新课程"为课程载体，对学科知识、少年儿童生活及社会体验进行适度统整与融通，使少年儿童学习成为完整学习。它具有主题性、开放性、整合性、情境性、创生性、主体性、适合性等特征。

## 三、无界学习的有效载体

### （一）思维载体："学科+"

无界整合的关键在于无界思维的突破与整合能力的形成，以及后来推广至全校各门学科的"学科+"。这是一个行之有效的抓手。更重要的是，它是我们"国家课程优质校本化"的重要载体和路径。所谓"学科+"，即围绕一个主题，基于本学科，超越本学科，遴选提取其他相关因素加以融通整合，形成一个系统化的更具价值的新整体。

### （二）课程载体：无界整合式创新课程

"学科+"思维的运用直接引发师本校本课程的诞生，这成为无界学习的另一个有效载体——无界整合式创新课程。教师研发师本课程。所谓师本课程是指教师个人依据教育教学实际需要，特别是基于国家课程和学生全面发展需要，运用"学科+"方式研发的无界整合式创新课程。这是一种赋权增能，我们通过"任务驱动—拔节共享—自主编写—专家论证—价值认同"的过程，助推教师研制师本课程，助力专业自觉持续成长。

### 四、无界整合式创新课程的实施路径

我们以课程视角打造人文科技并举的课程体系，实现从科技活动到创新课程的转变。以校本化创新素养为导向，搭建"人文创新、科技创新、融合创新"的活动课程，营造宽容开放、勇于探索、尊重竞争的文化氛围，积累创新经验，激发学生的创新意识。

#### （一）"人文创新"活动课程

创新性地将中华优秀传统文化、红色文化融入学校历史文化基因中构建"人文创新"活动课程（详见表1），形成中华优秀传统文化、红色文化、人文融合三大系列活动课程，每个课程包含人文氛围、校本选修、主题活动三个内容形式。以经典品读、习得熏陶，以名师引导、提升认知，以实践体验、感悟养成，实现内化于心、外化于行，为学生创造学习感悟中华优秀传统文化、红色文化的浓郁氛围和培育人文素养的载体，在活动实践中青年学生自觉传承民族精神基因、了解中国故事、感悟历史智慧、筑牢中华民族的文化自信。

表1　"人文创新"活动课程

| 系列活动课程 | 人文氛围 | 校本选修 | 主题活动 | 素养目标 |
| --- | --- | --- | --- | --- |
| 中华优秀传统文化 | "流觞曲水"学院、孔子交流广场、图书馆"天下为公"壁画、"和谐"雕塑 | 书法与篆刻、中国象棋、围棋入门、口述史研究、四大名著整本书阅读 | "纸墨风华"艺术展、花灯赏评、祈福长廊、千人篝火新年晚会、"修贤礼信，励志笃行"成人礼、经典读书分享会 | 尚德敦品、辩证思维、力行担当 |
| 红色文化 | 树立教育地标"为中华民族伟大复兴而读书"、红色书屋、井冈山精神报告厅、校史展览馆 | 国旗护卫队（班）、军事训练、党史国史教育课程、学校文化解读、红色经典微型课程 | 红歌赛、建党日主题活动、国庆节主题活动、"勿忘国耻爱我中华"活动、五四运动纪念日主题活动等 | |

续表

| 系列活动课程 | 人文氛围 | 校本选修 | 主题活动 | 素养目标 |
|---|---|---|---|---|
| 人文融合（融合语文、历史、英语、地理等科目） | 劳动基地、诚信卖场 | "光阴的故事"——二十四节气系列课程、"探索了不起的汉字"语文·英语融合课、大家来做口述史"游学世界——探秘月宫"课程 | "剧"匠心（课本剧编排大赛）、"经典浸润人生"课本剧表演大赛、中华经典诵读大赛、"欢乐中国年"主题盛装巡游、"珍珠球、极限飞盘"等 | 独立自信、多维理解、综合视野 |

## （二）"科技创新"活动课程

构建以素养层级递进、按年级进阶培养的"三层三步"的"科技创新"活动课程（详见表2）。"三层"即趣味创新实验、开放科技活动、STEAM融合运用三个课程平台；"三步"即高一、高二、高三。高一年级侧重兴趣导向，智能分流，引导学生根据兴趣、个性选择研究发展方向；确定方向后，高二年级侧重夯实技术和提升学术，高三年级以综合运用、解决问题为发展目标。近五年来，"科技创新"活动课程，先后编写了十本校本教材，面向上万名学生开放学习并获得相应学分。

表2 "科技创新"活动课程

| 进阶课程 | | 趣味创新实验 | 开放科技活动 | STEAM融合运用 |
|---|---|---|---|---|
| 素养目标 | | 好奇开放、证据推理、务真求实 | 学思践悟、多元协同、创意物化 | 敏锐直觉、技术应用、综合实践 |
| 课程主题 | | 心动不如行动 | 科创手工作品展 科技论坛 | 小创造发明、技术简单应用 |
| 课程内容 | 高一 | 生态微景观瓶制作、水火箭制作与可控发射、奇妙瑰丽的化学晶体、植物的无土栽培 | 走进科学的故事、高空落体动能缓冲实验研究、伽利略实验拓展、生态劳动基地作物种植及养护实践 | 烘焙（纸杯蛋糕及曲奇饼干）、桥梁及其他建筑结构的设计与制作、投石机的设计与改进、花灯制作——激光切割技术 |

续表

| 进阶课程 | | 趣味创新实验 | 开放科技活动 | STEAM融合运用 |
|---|---|---|---|---|
| 课程内容 | 高二 | 测定固体的线膨胀数、磁电式直流电表的改装、用堆尔效应测量磁场、研究光的夫琅禾费衍射现象、茶叶中某些元素的鉴定、用粉笔进行层析分离 | "系留气球"与"探空气球"模拟返回式卫星、广西特色植物色素提取及色牢度检验模拟自来水厂净水器制作、Labplus创意编程硬件驱动（盛思初级实验箱） | 未来空间3D打印发明创造、专利研发 |
| | 高三 | 新装修居室内空气中甲醛浓度的检测、水果中维生素C含量的测定、用石墨电极电解饱和食盐水干电池模拟实验、分光光度计和酶标仪的使用、考马斯亮蓝法测定蛋白质含量 | 动植物标本（人工琥珀）制作、生物解剖实验、趣味显微实验机器人训练 | 热释红外电子狗的制作——"控制与设计"《电子控制技术》实践项目、机器人搭建 |

例如，2016级谭锋伟同学在学习STEAM融合运用进阶课程，在教师的指导下查找资料，运用C语言编程、Arduino IDE软件，自主拼装电子元件、调试仪器，自主研发了"二十四节气展示仪"作为课程作业。该项目改进了三球仪的缺陷，融合联系了二十四节气和黄道十二宫、西方十二星座知识，使难以理解的二十四节气、太阳直射点发生变化运行规律和特点具体化、形象生动化，于2017年荣获第32届全国青少年科技创新大赛科技创新项目二等奖。该同学毕业后进入成都信息工程大学继续深造，在2020年第19届全国大学生机器人大赛再获一等奖。

### （三）"融合创新"活动课程

寻找人文和科技融合的最佳方式，通过社团活动和学术研学两大路径，推动人文与科技创新融合育人。

1. 社团活动：在协作互动中实现融合。

形成了"以社团文化为引领，以学生自发形成的科技、文化、艺术等团体为载体，以人文科技活动为平台"的融合路径。通过加强学生骨干队伍建设，完善社团管理架构和社团精神塑造。建立高年级带动低年级的"青蓝机制"，利用社团中优秀的学长学姐带动、帮助和支持学弟学妹,以"指导比赛、团建活动、经验分享"等方式将自己在实际竞赛、日常学习过程中积累的经验和教训等具有重要参考价值和指导性的资料分享给学弟学妹,实现文化传承和科技创新活动的梯队建设,使科技创新工作运转在稳步、良性的循环之中。2015年开始,南宁三中设立导师团项目孵化制度:导师团主要由高校教师、科技社团指导教师、通用信息指导教师等组成,为学生项目研究提供规划选择、研究评价等方面的指导。

截至2021年,学校已成立科技、人文、艺术、管理4类社团48个,其中放卫星社、IT社、天文社、物理社、化学晶体社等是科技类社团中的明星社团,社会主义核心价值观研究社、戏剧社、古风社、法学会等在人文类社团中备受欢迎。例如,2016届曾承禹同学(见图1)曾任化学晶体社社长,他对化学学习有浓厚兴趣,喜欢通过实验来解决化学问题,在2015年第29届中国化学奥林匹克(决赛)中荣获金牌并被保送北京大学化学与分子工程学院。受他影响,该社团2020届陆昱晓、马荣宸通过强基计划分别被北京大学生命科学学院、化学与分子工程学院录取。化学晶体社也多次在学年评选中被评为"优秀科技社团",长期位列"最受欢迎社团榜"榜首。

图1 2016届曾承禹同学(时任化学晶体社社长)在做化学实验

2.学术研学：在项目研究中实现融合。

南宁三中利用本地资源特色，形成了"自然探究、社会考察、文化体认、科技体验"四大主题研学，开设了25条研学路线，开辟了15个研学基地。依据"统筹规划—课题确定—细化研究目标—研学前培训—分组研学—交流分享—成果汇报—评价"的研学流程，学生实施研究性学习课题任务，形成规范化的研学报告。如2022届12班利用周末开展研学活动，设立了"'后申遗时代'广西左江花山岩画艺术遗产旅游可持续发展研究""壮族天琴文化的创新传承研究""如何利用虚拟现实技术对白头叶猴进行宣传保护"等研学任务，先后到广西左江花山岩画、"中国天琴艺术之乡"广西龙州县、广西崇左白头叶猴国家级自然保护区等全国中小学生研学实践教育基地展开研学实践。学生根据所学知识和实践体验，撰写的研学报告《广西花山岩画文化遗产旅游发展研究》发表在中共崇左市委机关报《左江日报》（见图2），为当地旅游发展提供了宝贵的建议。同时"中国教育在线"也对南宁三中通过学术研学培养创新人才的探索进行了《在行走的课堂中立德树人》的专题报道。

图2　发表于《左江日报》的《广西花山岩画文化遗产旅游发展研究》

**表3　2018年以来师生共同实践的成果**

| 研学主题 | 分类 | 内容 | 案例 |
|---|---|---|---|
| 自然探究 | 自然景观 | 植物、动物 | 青秀山植被 |
| | 地质地形气候分析 | 喀斯特地貌、河流、亚热带气候 | 伊岭岩喀斯特地貌研究 |
| 社会考察 | 参观考察 | — | 西津水电厂、花卉扦插、水稻种植、无土栽培 |
| | 调研探究 | — | 非遗小吃 |
| | 体验实践 | 社会实践 | 一本书的诞生、自来水厂供水系统 |
| | | 生活实践 | 古辣稻谷收割、横州茉莉花茶制作、种菜、砍甘蔗 |
| | 工农业生产 | 种植、收割 | 柳汽新能源汽车 |
| 文化体认 | 民族文化体验 | 节庆与习俗 | 三江侗族自治县 |
| | | 故事传说 | 花山岩画、太平古城 |
| | | 建筑 | 园博园·藏式建筑与太阳、搭桥建屋 |
| | | 音乐、歌谣、戏曲与舞蹈 | 天琴 |
| | | 美术与工艺 | 蓝染 |
| | 历史文化传承 | 传统文化 | 古法制作红糖 |
| | 红色文化教育 | 革命历史 | 湘江战役旧址 |
| 科技体验 | 设计制作 | 科学实践 | 太阳能水车、搭桥建屋 |
| | 发展前沿 | 清洁能源、人工智能 | 广投光伏、北港海上风力发电 |

2018年以来，通过师生的共同实践，南宁三中在创新教育类方面结项自治区级、市级课题42项，发表论文35篇。创新教育教师475多篇论文获奖或发表，完成65项课题。开发中华优秀传统文化课程55门；开发研究型校本课程166门，评选出25门精品课程；形成8本创新教育校本教材、4本成果汇编，共约200万字。学校用实际行动把坚定理想信念、厚植家国情怀、深厚文化底蕴作为培育底色，提出"家的支柱、国之栋梁"的育人追求，引导广大青少年学生铸牢中国心、守好中华魂、坚信中国力量、坚定中国道路，努力成为担当中华民族伟大复兴的栋梁之材！

『百年名校正青春』

无界学习

# 第三章
## 跨学科的教研活动

# 跨学科的教研成果

魏远金

中学高级教师,南宁市教学骨干,中国数学奥林匹克一级教练员,数学竞赛优秀教练员。

**摘 要** 教育部印发的《普通高中课程方案(2017年版)》提出,"研究性学习……以开展跨学科研究为主"。一直以来,教学以教师为主,教师把知识传授给学生,学生处于较被动地位。研究性学习改变了一贯以来的做法,学生在教师的指导和帮助下,打破班级、年级、场地、学科限制,组成小组,选定项目主题,运用科学研究的思维方式和研究方法,通过研究探索,形成了良好的科研习惯,提高了科学素养。

**关键词** 研究性学习 跨学科 课程

苏霍姆林斯基说："在人的心灵深处，都有一种根深蒂固的需要，就是希望自己是一个发现者、研究者、探索者。"叶圣陶先生说："每个孩子都有好奇心，好奇心驱使孩子们干这干那，努力在尝试中发现自己的长处和能力。"

2003年3月，教育部印发的《普通高中课程方案（实验）》中要求"研究性学习活动是每个学生的必修课程"。2017年12月，教育部印发了《普通高中课程方案（2017年版）》，提出"研究性学习6学分，完成2个研究或项目设计，以开展跨学科研究为主"。2022年3月，教育部印发的《义务教育课程方案（2022年版）》提出了"综合实践活动侧重跨学科研究性学习、社会实践"等要求。

一直以来，教学以教师为主，教师把知识教授给学生，学生处于较被动地位。研究性学习改变了一贯以来的做法，学生在教师的指导和帮助下，打破班级、年级、场地、学科限制，组成小组，选定项目主题，运用科学研究的思维方式和研究方法，通过研究探索，形成了良好的科研习惯，提高科学素养。设置研究性学习活动旨在引导学生关注社会、经济、科技和生活汇总的问题，通过自主探究、亲身实践的过程综合地运用已有知识和经验解决问题，学会学习，培养学生的人文精神和科学素养。南宁三中在国家教育理念的指引下，根据上级统一部署，结合学校实际，开展了一系列学生研究性学习，取得了丰硕的教研成果。下面结合学生研究性学习开展的实际，展现学校在跨学科实践方面的做法及取得的成效。

## 一、加强培训，做好顶层设计

### （一）组建指导教师团队，更新教育观念

在研究性学习开展之前，通过学生选择推荐、教师本人同意、学校遴选，确定好各学科指导教师后，科研处组织指导教师进行培训，从导入、课题准备、

制订方案、实施研究、总结反思、提出新问题等各环节，让指导教师了解研究性学习的一般流程（见图1），以及在各环节当中如何指导学生。学校也通过各种渠道安排指导教师外出学习，听取国内专家、优秀教师的讲座、讲学等。

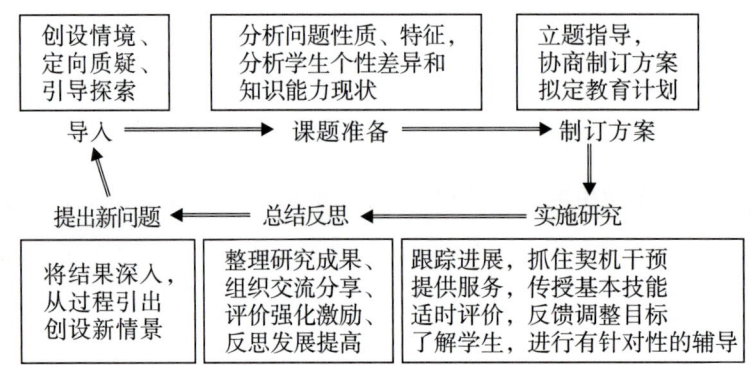

**图1　研究性学习的一般流程**

### （二）做好研究前学生指导，渗透学习理念

每一年秋季学期新生入学，学校组织全体新生进行入学教育，让新生对接下来三年的学习和生活有比较明晰的认识。时任南宁三中校长韦屏山和时任南宁三中党委书记黄河清的讲座让学生知道国家的教育理念，明白我国的教育需要怎样的学生、南宁三中的学生将来要成为国家的栋梁，为中华民族伟大复兴提供强有力的支撑；梁惠红等名师的讲座让学生知道学校的历史、办学方向、办学特色，了解学校各项管理制度，熟悉学校的花草树木、亭台楼榭；各学科教师的讲座让学生逐渐熟悉初中、高中学习的差异及各学科的理念；各社团的视频、现场展示让学生了解学校的各类课程；等等。

综上，对初入南宁三中校门的学生具有很强的教育意义，对今后的学习有很好的借鉴与参考价值。入校一个月后，学生对学校的情况基本熟悉了，科研处再组织全年级新生进行专业的培训，在培训中向学生说明为什么开展研究性学习以及开展这项学习的意义和流程、注意事项等。

### （三）编印指导手册，规范过程管理

在培训教师和学生的基础上，为使研究性学习的开展更具可操作性，让教

师和学生都能更清楚地知道每个阶段如何进行研究，科研处编印了《研究性学习指南》《研究性学习报告使用手册》（见图2），包含研究性学习的各个环节，以及每个环节的注意事项、资料整理提交、经典案例、推荐书目等内容，助力整个项目研究的规范推进。

图2　科研处编印的指导手册

## 二、研究性学习的具体推进

研究性学习的实施一般可分3个阶段：进入情境阶段、实践体验阶段和表达交流阶段（见图3）。

图3　研究性学习的实施阶段

### （一）选择活动主题

基于研究性学习无班级限制、无年级限制、无场地限制、无学科限制的特征，选题的来源非常广泛，既可以是某一学科，也可以多学科综合交叉；既可偏重实践，又可偏重理论。南宁三中是历史悠久、具有深厚文化底蕴的百年名校，倡导"真·爱"教育理念，办学特色鲜明，教学成绩卓著，品牌活动名声在外，社团组织百花齐放。南宁市是广西的首府，高校科研院所数量众多，市内及周边动植物资源、历史人文资源丰富，各种现代新生事物、民生百态都值得探究。广西是多民族聚集区，各民族文化、服饰、生活习惯等也是不可多得的资源。以上这些都为研究性学习的实施提供了广阔的思路和方向。

1.选题原则。

（1）课题有价值。

其中有自我价值（兴趣爱好、知识结构），有社会价值（体现社会责任感），有学术价值（科学性、独创性等）。

（2）课题好完成。

宜小不宜大，宜近不宜远，宜喜不宜厌，宜浅不宜深。

2.提出问题。

研究性学习的课题来源于问题，如何发现和提出问题至关重要。

（1）善于发现问题。

观察周围事物，从平时校园中的学习生活中发现问题。学校社团众多，还有一系列的研学活动、品牌活动，如元旦通宵晚会暨美食一条街活动、MVJ大赛、新蕾艺术节、红歌比赛等。这些都可作为问题的切入点提出问题，如南宁三中元旦通宵晚会品牌影响力怎样形成、南宁三中高一学生睡眠情况调查、南宁三中学生对运动会入场式的看法调研访谈等。

（2）关注社会热点，关注民生百态。

在我们参与的社会生活中有很多的切入点，往往身边的小现象会折射出大问题。如社区垃圾处理情况研究、美丽广西·生态乡村——区域乡村振兴调查研究、铜鼓的今昔明日、南宁白话的现状、日本动漫在文化上对中国青少年的影响。

（3）课本内容延伸思考，举办各学科竞赛活动。

例如，中国历代王朝更替时间规律、开元盛世形成的原因探究、荷兰从崛起到衰落的原因探究、英国服装史之演变、万有引力常量的测定等。

（4）善于捕捉灵感。

例如，排队还碗想到还碗队伍长度的时间分布、中学生消费情况调查、建筑颜色与心理影响等。

（5）从个人生涯规划入手。

根据自身的兴趣、特点，利用寒暑假、周末等空余时间，通过面对面、电话或其他社交工具，跟不同职业从业者进行交流，走近、走进职业现场调研。

3.问题转化为课题。

在将问题转化为课题方面，成员们遇到如下问题。

（1）能否转化。

提出问题为课题的确立奠定基础，但是并非所有问题都适合转化为课题，要考虑几点因素：①问题的科学性，有一定理论依据，符合事物发展的基本规律。②问题的创新性，理论观点上的创新、方法技巧上的创新、应用上的创新。③问题的可行性，尽可能设计范围小、任务单纯、目标集中、容易开展、容易完成的课题。

具体来说，就是要从人力、物力、财力和精力（时间）4个方面去考虑问题有没有研究的价值，是否有条件开展。如此考虑后，一个问题才能初步转化为课题。

（2）如何表述。

常见的表述方式如下：

……的现状和展望。

……的调查报告。

……的思考。

……的实验报告。

……的分析与对策研究。

……对……的影响。

……在……中的应用。

……与……的关系。

从……看（反思）……现状（问题）。

……分布情况。

……的设计与开发。

### (二) 开题

1.组建研究性学习小组。

研究性学习小组的建立以学生自愿为主,自由组合。小组一般4—6人,自主聘请导师,自主选举组长,应分工明确、责任清晰。小组成员不限于本班学生,也可与本年级其他班学生合作,提高合作广度;甚至可以跟其他年级学生组合,拓宽本组成员的知识面(见图4)。

2.立项答辩。

(1) 开题报告。

图4 学生做开题报告

撰写开题报告的过程实际上就是对课题研究的整体设计,要清晰地说明为什么做、做什么、如何做和预期成果。①为什么做:课题研究背景,课题研究目的和意义。②做什么:研究内容。③如何做:研究方法,研究计划,进度安排,责任分工,可能遇到的困难和解决方案。④预期成果:论文、报告、产品。

（2）开题答辩。

课题组在指导教师的组织下以小组为单位进行答辩（见图5），从上述4个方面评审开题报告，答辩通过即可以开展研究，未通过则需要重新撰写开题报告，再次进行答辩。

图5　2018—2019年暑假研究性学习答辩

基本评价标准主要考虑选题是否新颖、科学、可行，研究方案是否严谨，研究方法是否科学合理，预期成果是否合适，等等。

（三）常用研究方法

在设计研究方案、撰写开题报告时要拟定使用的研究方法。研究方法恰当与否，直接关系到研究成果的科学性。常见的研究方法有文献研究法、观察法、实验法、调查研究法。除此之外，行动研究法、个案研究法都可能成为课题研究的方法。学生们可以根据需要，通过文献研究法或请教导师来开展研究性学习。

（四）研究与实践

开题报告通过答辩后，就正式进入课题研究实施阶段。在这一阶段，要严格按照开题时制订的研究计划开展研究，在研究过程中需要不断根据问题收集和整理资料，及时与指导教师沟通，凡是重大的变动都要征求指导教师的同意。

在此阶段，课题组需要根据活动研究进程，及时填写"课题活动研究记录"（见《研究性学习报告使用手册》），具体内容包括资料查阅记录、调查记录、访谈记录、实验记录和小组讨论记录等。除此之外，需要注意原始资料的整理保存。

（五）结题与交流

课题研究结束时，要选择恰当的成果表现形式，并填写结题报告表和结题报告（见《研究性学习报告使用手册》），包括研究背景、研究经过、课题主要成果及形式等。小组成员还要填写"课题研究自我总结"（见《研究性学习报告使用手册》）。

最后课题组在指导教师的组织下开展结题答辩，研究方案的逻辑性与严谨性、研究方法的科学性与合理性，研究过程的实践性、研究成果的可信度，全员参与情况、语言表达、仪态仪表、应答能力等都是结题答辩参考的评审标准。

（六）研究性学习的评价

1.评价主体：学生个人、指导教师、答辩委员会成员。

2.评价指标：课题开题、实施过程、课题结题具体参见"研究性学习课题评价表"（见表1）。

表1 研究性学习课题评价表（此表每项必填）

| 课题评价 | 开题评价要素 | 分项权重 | 评价分值 | 分项成绩 |
| --- | --- | --- | --- | --- |
| 课题开题<br>（20分） | 1.选题科学性与可行性 | 10 | | |
| | 2.认真填写并及时上交开题报告（内容、任务分工、进度安排、表述等） | 10 | | |
| 实施过程<br>（50分） | 3.小组成员出勤率 | 10 | | |
| | 4.活动记录的完整、及时性（活动次数不少于5次） | 10 | | |
| | 5.小组活动的真实性（教师提供与活动相应的采访提纲、采访实录、调查问卷及问卷分析、实验、实践研究等其他过程活动材料） | 10 | | |
| | 6.小组活动的团队合作精神 | 5 | | |
| | 7.活动预期目标的达成度 | 5 | | |
| | 8.材料的规范与完整性 | 5 | | |
| | 9.规定要求的达成度 | 5 | | |

续表

| 课题评价 | 开题评价要素 | 分项权重 | 评价分值 | 分项成绩 |
|---|---|---|---|---|
| 课题结题（30分） | 10.研究成果（成果的可信度、成果的科学性、成果表达形式与内容、成果展示） | 15 | | |
| | 11.装订规范（封面、目录、开题报告、过程材料、课题研究活动记录、结题报告表及结题报告、课题研究自我总结、研究性学习课题评价表、研究性学习成绩评价与学分认定表、研究性学习课题论文。用A4纸打印，并按先后顺序装订成册） | 5 | | |
| | 12.其他收获与体会 | 5 | | |
| | 13.成果的创新水平和社会效益 | 5 | | |
| 满分值（100分） | 课题组自评课程成绩 | | ____分 | |
| | 班主任复查课程成绩（主要围绕上述2、5、11项来核查课题组的自评分数） | | ____分 | |

3.评价对象：课题组和个人。

4.评价等级：共分为优秀、良好、及格、不及格4个等级（及格及以上等级可获得5学分，优秀者可奖励1或2学分，不及格者不予认定学分，并要重修）。

5.评价角度：定性与定量相结合，过程与结果相结合，小组和个人相结合。

## 三、主要成效

### （一）学生综合能力进一步增强

研究性学习为学生构建了开放的学习环境，是对传统教学方式的必要补充。学生通过专题讨论、课题研究、方案设计、模拟体验、实验操作、社会调查等各种形式亲身实践，探究与社会生活密切相关的各种现象和问题，从而了解科研的一般流程和方法，尝试与他人交往和合作，获得对科研、对社会、对生活的直接感受和体验。换句话说，研究性学习的过程本身也就是其所追求的结果。

2014年以来，南宁三中学生在青少年科技创新大赛、专利申请、学科奥林匹克竞赛、文体艺术等各项活动、比赛中屡获佳绩，学业成绩不断获得新高，每年为高等院校输送大批优秀人才。

### （二）教师专业素养得到提升

研究性学习作为一种新的学习方式促使教师们不断研究，为教师的专业成长提供新的方向。通过指导学生开展研究活动，教师们不断获得教育教学的灵感，南宁三中教师在课题研究、成果评选中取得累累硕果（见图6），在各级各类荣誉、各级各类评审中脱颖而出，得以迅速成长。

**图6　一些研究性学习成果**

### （三）学校影响力持续扩大

培养"具有理想信念和社会责任感、具有科学文化素养和终身学习能力、具有自主发展能力和沟通合作能力"的学生是南宁三中一贯努力的方向，研究性学习为学校的课程建设注入新的活力，为学校教学、学生学习创造了浓厚的研究氛围，为学校成为广西首批新课程新教材实施国家级示范校提供助力，学校得以实现创新发展。

# 跨学科的教研成果①
## ——学生研究性学习成果案例一：万有引力常量的测定

**摘　要**　牛顿建立引力理论以来，人们就开始想方设法测定引力常量的值。即便是科学技术如此发达的今天，$G$值的测定仍是艰难的工作。从历年物理常数推荐值可看到$G$的有效位数远远低于其他物理常数。本文拟通过一个科学合理的方法测出万有引力常量$G$。本次实验不但是对物理定律普适性的赞美，也将提高学生的物理思维能力、实践经验，并使学生进一步感受到物理的魅力。

**关键词**　万有引力常量　$G$值　物理常数　普适性

---

① 课题组成员及分工：冯智昀为课题组组长；粟文泽负责设计实验及部分参与实验；周子靖负责计算机编程及数值计算；莫子杰为实验组成员；佘宇捷为实验组成员；陈泽薪为实验组成员；雷亿为实验组成员；薛鑫宇为实验组成员；李璐莹为摄影组成员，负责图像记录；李东霓为摄影组成员，负责图像记录。

## 一、课题介绍

### （一）研究背景

牛顿建立引力理论以来，人们就开始想方设法测定引力常量的值。牛顿本人也设计过实验，但无一例外都失败或不理想。第一次测得精确的值是由卡文迪许完成的，他当时考虑了风力、热量、震动等许多因素，并借助设计巧妙的扭秤完成测定。即便是科学技术如此发达的今天，$G$ 值的测定仍是艰难的工作。从历年物理常数推荐值可看到 $G$ 的有效位数远远低于其他物理常数。虽然已有前人做过，但今天我们重新利用扭秤做这个实验，也是对物理定律普适性的赞美。这个实验可以提高我们的物理思维能力、实践操作水平，并使我们能够感受到物理的魅力。

### （二）研究目的与意义

目的在于通过我们的双手与智慧去测出这样一个 $G$ 值，即一个由我们所贡献的万有引力常量。其意义并不是对现今科学研究有什么帮助，然而却是我们迈向物理领域深刻且永恒的一步。我们能够在本次研究中真正明晰物体是由这样或那样的方式参与伟大的引力作用，并由此更深地触摸到这个宇宙的物质实在。

### （三）研究内容

通过一个科学合理的方法测出万有引力常量 $G$。

### （四）研究方法

我们完整地再现了卡文迪许测量 $G$ 值的方法：利用扭秤——一个由极细金属丝连杆、杆两端各焊一个球所组成的装置。固定后，用另外两个质量较大的球体去吸引两小球，产生一个扭转。该扭转则由一束光被随扭秤一同扭转的平面镜反射后放大，表现为光斑的位移。该位移所依赖的量都能测出或计算出，从而能建立起该位移与万有引力常量的函数关系，进而求出 $G$ 值。

### （五）课题研究计划

1. 制作扭秤，并借用学校器材。
2. 对扭秤进行理论分析。
3. 进行测试实验，并逐步改进器材。
4. 在积累足够实验经验后，制订一份完整严谨的实验计划。
5. 按照实验计划严格进行实验。
6. 处理实验数据，得出最终结果。

### （六）预期研究成果

相较于国际给出的 $G$ 值（$6.67428\times10$）不超过一个数量级（10倍或1/10）。

### （七）课题研究过程概述

我们在定好课题后，便着手器材的筹备及计划的制订。这个过程是顺利的，然而在真正的实验中我们却接连遭受了多次失败，但这并不足以使我们放弃。最后，我们的实验终于成功，数据被记录下来并开始计算，最终得出了相关成果。

### （八）课题的主要成果及形式

测出了万有引力常量，尽管非常不准确。

### （九）课题成果的主要内容概述

1. 扭秤逆时针扭转情形下，$G=1.225436\times10$。
2. 扭秤顺时针扭转情形下，$G=4.12053\times10$。

（上述两者误差均未估计）

### （十）研究经过

刚开始，这个课题只有迷茫中的一缕曙光——卡文迪许的扭秤实验是那么有趣地以这种方式测出了万有引力常量。因此，我们参考了这个并不算古老的实验，很快便设计出了一个完整且具有极高可预见性、有效性的实验计划并组装出了我们自己的扭秤。

然而，第一次实验结果是残酷的，完全没获得一点数据的失败令我们不禁审视自己的计划——但并没有因此气馁。随后，我们用更为完善的计划与更精密的装置进行实验，虽然结果依旧是失败（且损坏了学校提供的器材），但令我们加深了对实验的理解并坚定了那种"定能按照计划做出成功的实验"的信心。

事实证明，此种信心不是无由的且是正确的——实验终于得到了完整的数据。于是，这之后便是复杂的计算。

我们曾尝试建立多种模型以让计算机完成所有的计算工作，但无一成功。因此，只好通过手算给出所有公式，再将数据输入计算机并得出结果。这个过程是艰难的但并非不可行——是的，我们的确完成了计算——尽管最终的 $G$ 值极为不准确，相较预期也有很大差距。

### （十一）论据和结论

理论指导为经典力学。

结论：扭秤逆时针扭转的情形下，$G=1.225436\times10^{-7}\mathrm{m}^3\cdot\mathrm{kg}^{-1}\cdot\mathrm{s}^{-2}$；扭秤顺时针扭转的情形下，$G=4.12053\times10^{-7}\mathrm{m}^3\cdot\mathrm{kg}^{-1}\cdot\mathrm{s}^{-2}$。

### （十二）效果分析

由于受许多因素制约，也有主观的考虑不全，这次研究性学习没有能完全达到预定的目标。但是，通过这次学习，我们积累了物理实验的经验，丰富了理论知识。

## 二、课题论文

### （一）研究背景

自从开普勒给出三定律以来，物理学逐渐发展起来。牛顿基于开普勒三定律，运用微积分数学工具，证明了两物体间的引力正比于两者质量的乘积，平方反比于两者距离。则万有引力定律可以写成 $F = \dfrac{Gm_1m_2}{R^2}$。其中 $G$ 是引力常量，物理学中最重要的基本常数之一。牛顿设计了几个测定引力常量的实验，但并未成功。第一次较精确的测定是由卡文迪许完成的。当时他得到的结果和现代的结果相差无几。他的精确度如此之高，以至于其后几十年内都没人超越。卡文迪许也被誉为"称出地球质量的人"。

卡文迪许的成功在于实验方法的改进。他当时使用的是扭秤，将引力转化成微小形变来测。扭秤本身并非由他发明，但最后在他手里释放出了最好的效果。卡文迪许发现，温度、风力、震动等都会极大地影响实验。最后，他利用一间密闭的房子完成了实验。

随着科学技术的进步，现代测定引力常量已经有许多方法。国际科学数据委员会（英文缩写为CODATA）在2006年给出的引力常量推荐值为 $6.67428(67) m^3 \cdot kg^{-1} \cdot s^{-2}$。普朗克常数则为 $6.62606896(33) \times 10^{-34} J \cdot s$。我们一眼可看出精确度的巨大差距，即引力常量的精确度往往要比其他物理常数的测定精确度要低得多。国际上许多研究机构给出的值甚至有时都不在对方的误差范围内。这一切都说明了引力常量测定的难度。这是因为其值十分微小，难以测定。

引力常量作为物理学中最重要的常数之一，它刻画了一种比值，刻画了宇宙间引力的大小，而且它的意义远不仅于此。现代物理发现，引力常量和其他物理领域可能会有更深层次的联系。引力常量在空间、时间上的均匀体现了物理定律的普适性，这正是物理的优美之处。

今天我们在这里做这个实验，肯定不能冲击现代物理实验的精确性，我们只是想重演一次测定，增加实践经验，感受物理的魅力。

（二）研究步骤

1. 理论分析。

我们使用的扭秤十分简陋，但也有利于构建数学模型。它的主体部分由金属丝、金属杆和金属球组成。金属丝悬挂于某一物体下方，其下端连接一金属杆的中点，杆两端各焊一金属球。金属丝下端有一镜子，能够反射激光，并映于光屏上。当大球吸引小球时，金属丝会发生扭转，并产生扭转力矩。这个扭转角可以通过光斑的位移测定出来。这就是大致的器材（见图1）。

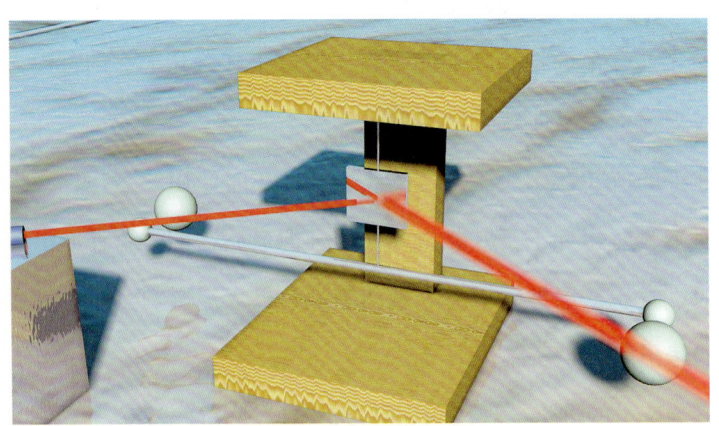

**图1　实验研究的器材**

以金属丝为z轴建立空间直角坐标系（如图2所示）。

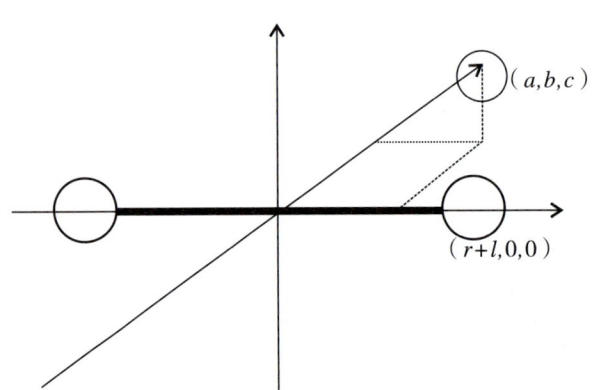

**图2　根据z轴建立的空间直角坐标系**

为了计入误差，我们设一个大球的坐标分别为$(a,b,c)$以及$(r+l,0,0)$。经过对称性的假设，两大球对两小球的引力产生的力矩为：

$$A_{11} = \iiint_V F_y x dV = 2GM_1M_2 b(r+l) \left( \frac{1}{\left((a-r-l)^2+b^2+c^2\right)^{\frac{3}{2}}} - \frac{1}{\left((a+r+l)^2+b^2+c^2\right)^{\frac{3}{2}}} \right)。$$

对金属杆的引力产生的力矩为（忽略内径、外径，即金属杆近似一个细棒）：

$$A_{11} = \iiint_V F_y x dV = \frac{M_2 mb}{2l(b^2+c^2)}\left(\frac{al-b^2-c^2}{\sqrt{(a-l)^2+b^2+c^2}} + \frac{al-b^2-c^2}{\sqrt{(a+l)^2+b^2+c^2}}\right)。$$

金属丝的扭转力矩为 $A_2 = -k\Delta\theta$。金属球对于金属丝所在直线的转动惯量为 $I_1 = 2\iiint_V (x^2+y^2)dm = 2M_1(r+l)^2 + \frac{4}{5}M_1 r^2$，金属杆的转动惯量（忽略内径、外径）为 $I_2 = \iiint_V (x^2+y^2)dm = \frac{m(R_2^2+R_1^2)}{4} + \frac{ml^2}{12}$。则整个系统（忽略镜子质量）的转动惯量为 $I_1 = 2M_1\left(\frac{r}{2}+l\right)^2 + \frac{4}{5}M_1 r^2 + \frac{m(R_2^2+R_1^2)}{4} + \frac{ml^2}{12}$。

2.模型的模拟。

若仅考虑金属球所受的空气阻力，并忽略摆动导致的大小球之间距离的改变，则金属杆的摆动满足如下微分方程：$\frac{d^2\theta}{dt^2} = \frac{A_{11}+A_{12}+A_2-f(l+r)}{I_1+I_2}$。这是一个非线性二阶微分方程，要找出其解析解是比较困难甚至是不可能的，所以我们求助于数值解法。

这个方程的解是 $\theta$ 和 $t$ 的关系，若令 $\frac{d\theta}{dt} = \omega$，则 $\frac{d^2\theta}{dt^2} = \omega\frac{d\omega}{d\theta}$ 来降阶，将会得到一个一阶微分方程，但是其解函数是多值的，不利于数值解法的实施。所以，只能寻求不降阶的二阶直接解法。我们这里采用欧拉方法的二阶方法。现在叙述如下：

考虑一个一般的二阶微分方程，其形式如 $\frac{d^2\theta}{dt^2} = g\left(\frac{d\theta}{dt},\theta,t\right)$。或者说，我们考虑这样一个初值问题：$\begin{cases}\frac{d^2\theta}{dt^2} = g\left(\frac{d\theta}{dt},\theta,t\right)\\ \omega(0) = 0\\ \theta(0) = 0\end{cases}$，则它的欧拉方法如下 $\begin{cases}t_{n+1} = t_n + \Delta t\\ \theta_{n+1} = \theta_n + \omega_n\Delta t\\ \omega_{n+1} = \omega_n + g(\omega_n,\theta_n,t_n)\end{cases}$。

为了达到足够的精确度，我们需要越来越小的步长，但步长 $\Delta t$ 已经如此之小，方程的解仍在不断收敛，收敛度还挺大，说明步长还需要更小。最后，以

至于 $n$ 超过了 C 所给的整数范围。本来可以继续改进程序的,但我们没有继续做下去。后来,我们试图借助 MATLAB 或 mathematica 来解得,但最后因为需要新学一门语言而不了了之。我们同时也发现,这样即便模拟出了结果,对实验也无太大帮助。不过这个模型构建推进了理论推导,使我们得到了引力常量的表达式。

3.进一步的实验理论分析。

(1) 光斑位移与转角关系:$\Delta x = L\left(\tan(\alpha + 2\theta) - \tan(\alpha + 2(\theta + \Delta\theta))\right)$。

(2) 扭转系数与周期的关系:$\dfrac{d^2\theta}{dt^2} = -\dfrac{k}{I}\theta \Rightarrow \theta = \theta_0 \cos\left(\sqrt{\dfrac{k}{I}}\,t\right) \Rightarrow k = \left(\dfrac{2\pi}{T}\right)^2 I$。

(3) 总的万有引力常量表达式:

$$G = \dfrac{\left(\dfrac{2\pi}{T}\right)^2 \left(2M_1(r+l)^2 + \dfrac{4}{5}M_1 r^2 + \dfrac{m(R_2^2 + R_1^2)}{4} + \dfrac{ml^2}{12}\right)\Delta\theta}{2M_1 M_2 b(r+l)\left(\dfrac{1}{\left((a-r-l)^2 + b^2 + c^2\right)^{\frac{3}{2}}} - \dfrac{1}{\left((a+r+l)^2 + b^2 + c^2\right)^{\frac{3}{2}}}\right)\left(\dfrac{al - b^2 - c^2}{\sqrt{(a-l)^2 + b^2 + c^2}} + \dfrac{al - b^2 - c^2}{\sqrt{(a+l)^2 + b^2 + c^2}}\right)}$$

(三) 实验数据处理

如果假定引力力矩为常量,并忽略空气阻力,那么可以列出以下微分方程:$\dfrac{d^2\theta}{dt^2} = \dfrac{-k\theta + A_1}{I}$。其中 $A_1$ 是引力力矩。这个方程的特解为 $\theta = \dfrac{A_1}{k} - \dfrac{A_1 - k\theta_0}{k}\cos\left(\sqrt{k}\,t\right)$,即其平衡位置为 $\dfrac{A_1}{k}$。这个结果和直觉是一致的。

也就是说,放球和不放球时的角差若为 $\Delta\theta$,那么 $-k\Delta\theta = A_1$。我们只要求出了 $\Delta\theta$ 即可求出 $A_1$。从光斑位移和转角的关系可以解出 $\Delta\theta = \dfrac{\arctan\left(\dfrac{\Delta x}{L} + \tan(\alpha + 2\theta)\right) - \alpha - 2\theta}{2}$。

由于风力、振动等不确定因素存在，我们难以使扭秤停下来，只能记录两端的一个个极值点，然后取平均值，这个平均值就是平衡位置。

### （四）规范的实验步骤

1. 测出 $R$。

让小球心距离地面 $\dfrac{R}{2}$ 吊好，固定并拉紧拉直金属丝。保持平衡后，用胶水固定金属丝。将装置搬运使得金属丝与瓷砖点重合，记下这个点。记录 $l$、$r$、$M_1$、$M_2$、$R_1$、$R_2$、$m$。

$l=0.307\pm0.002\mathrm{m}$，$r=0.0245\pm0.0005\mathrm{m}$，$M_1=0.063\pm0.001\mathrm{kg}$，
$M_2=7.26\pm0.01\mathrm{kg}$，$R_1=0.008\pm0.0005\mathrm{m}$，$R_2=0.01\pm0.0005\mathrm{m}$，
$m=0.1443\pm0.001\mathrm{kg}$。

$$I_1 = 2M_1\left(\dfrac{r}{2}+l\right)^2 + \dfrac{4}{5}M_1 r^2 + \dfrac{m(R_2^{\ 2}+R_1^{\ 2})}{4} + \dfrac{ml^2}{12} = 0.0140\pm0.0113\,\mathrm{kg\cdot m^2}$$

2. 记录 $\alpha$、$R$。

将装置摆好方向，并粘好镜子（任意方向，但是大致使镜屏角保持 $0°$）。放好激光器，精确保持 $\alpha = 45°$。记录 $\alpha$、$R$。

| $x$ | $y$ | $y/x$ | $\arctan y/x\,(\alpha)$ |
|---|---|---|---|
|  |  |  |  |

（注：这里的 $x$、$y$ 是激光器对于镜子的水平距离和垂直距离）

3. 测出 $T$。

测量转动周期 $T$，分别取 10 次、30 次、50 次。记录 $T$。

| 序号 | 次数 $n$ | 总时间 $t$ | $t/n$ $(T)$ |
|---|---|---|---|
| 1 |  |  |  |
| 2 |  |  |  |
| 3 |  |  |  |

4. 画出 $\theta_0 = 0°$ 时的基准线。

5. 测量不放球时的位置，记录 $L$。

$L = 4.435 \pm 0.005 \text{m}$。

| 序号 | $\Delta x_1$ (左) | $\Delta x_2$ (右) | $\dfrac{\arctan\left(\dfrac{\overline{\Delta x}}{L} + \tan\alpha\right) + \arctan\left(\dfrac{\overline{\Delta x}}{L} + \tan\alpha\right) - 2\alpha}{4}$ ($\Delta\theta$) |
|---|---|---|---|
| 1 | | | |
| 2 | | | |
| 3 | | | |
| 4 | | | |
| 5 | | | |
| 6 | | | |
| 7 | | | |
| 8 | | | |
| 9 | | | |
| 10 | | | |
| $\overline{\Delta x}$ | | | |

6. 测量放球时的位置。

| $a$（横轴）| $b$（球心连线垂直于杆时的球心距）| $c$（球心高度差）| $d$（球边距）| $R + r + d$ ($b'$) |
|---|---|---|---|---|
| | | | | |

（注：在 $b$ 和 $b'$ 都相互在对方误差范围内时取平均值，若不在则重新测量）

| 序号 | $\Delta x_1$（左） | $\Delta x_2$（右） | $\dfrac{\arctan\left(\dfrac{\overline{\Delta x}}{L}+\tan\alpha\right)+\arctan\left(\dfrac{\overline{\Delta x}}{L}+\tan\alpha\right)-2\alpha}{4}$ $(\Delta\theta)$ |
|---|---|---|---|
| 1 | | | |
| 2 | | | |
| 3 | | | |
| 4 | | | |
| 5 | | | |
| 6 | | | |
| 7 | | | |
| 8 | | | |
| 9 | | | |
| 10 | | | |
| $\overline{\Delta x}$ | | | |

换另一边放球，再测量一次。

| $a$（横轴） | $b$（球心连线垂直于杆时的球心距） | $c$（球心高度差） | $d$（球边距） | $R+r+d$ $(b')$ |
|---|---|---|---|---|
| | | | | |

（注：在 $b$ 和 $b'$ 都相互在对方误差范围内时取平均值，若不在则重新测量）

| 序号 | $\Delta x_1$（左） | $\Delta x_2$（右） | $\dfrac{\arctan\left(\dfrac{\overline{\Delta x}}{L}+\tan\alpha\right)+\arctan\left(\dfrac{\overline{\Delta x}}{L}+\tan\alpha\right)-2\alpha}{4}$ <br> $(\Delta\theta)$ |
|---|---|---|---|
| 1 | | | |
| 2 | | | |
| 3 | | | |
| 4 | | | |
| 5 | | | |
| 6 | | | |
| 7 | | | |
| 8 | | | |
| 9 | | | |
| 10 | | | |
| $\overline{\Delta x}$ | | | |

（五）实验结果

| x | y | y/x | arctan y/x（$\alpha$） |
|---|---|---|---|
| 0.5 ± 0.003m | 0.5 ± 0.003m | 1 ± 0.012 | 45 ± 0.4° |

| | 次数 n | 总时间 t | t/n <br> (T) |
|---|---|---|---|
| 1 | 10 | 67.76±0.1 | 6.776±0.01 |
| 2 | 20 | 134.78±0.1 | 6.739±0.005 |
| 3 | 30 | 202.28±0.1 | 6.7426±0.0033 |

取 $t$=6.75±0.05s，

则 $k$=0.01214051。

不放球：

| 序号 | $\Delta x_1$（左）(cm) | $\Delta x_2$（右）(cm) | $\dfrac{\arctan\left(\dfrac{\overline{\Delta x}}{L}+\tan\alpha\right)+\arctan\left(\dfrac{\overline{\Delta x}}{L}+\tan\alpha\right)-2\alpha}{4}$ $(\Delta\theta)$（角度制） |
|---|---|---|---|
| 1 | 45.6 | 76 | |
| 2 | 45.6 | 76.2 | |
| 3 | 45.6 | 76.7 | |
| 4 | 45.7 | 76.8 | |
| 5 | 45.7 | 77.15 | |
| 6 | 45.8 | 77.15 | |
| 7 | 45.85 | 77.15 | |
| 8 | 45.85 | 77.4 | |
| 9 | 45.85 | 77.6 | |
| 10 | 45.95 | 78.3 | |
| $\overline{\Delta x}$ | 45.75 | 77.045 | −1.7771844° |

放球（逆时针）：

| $a$（横轴） | $b$（球心连线垂直于杆时的球心距） | $c$（球心高度差） | $d$（球边距） | $R+r+d$ ($b'$) |
|---|---|---|---|---|
| 0.3193±0.005m | | −0.2±0.25m | 0.01±0.005m | 0.0985±0.007m |

| 序号 | $\Delta x_1$（左）(cm) | $\Delta x_2$（右）(cm) | $\dfrac{\arctan\left(\dfrac{\overline{\Delta x}}{L}+\tan\alpha\right)+\arctan\left(\dfrac{\overline{\Delta x}}{L}+\tan\alpha\right)-2\alpha}{4}$ $(\Delta\theta)$（角度制） |
|---|---|---|---|
| 1 | 39.75 | 76.4 | |
| 2 | 39.8 | 76.45 | |
| 3 | 39.8 | 76.6 | |
| 4 | 39.9 | 76.6 | |
| 5 | 39.9 | 76.6 | |
| 6 | 40 | 76.6 | |
| 7 | 40 | 76.7 | |
| 8 | 40 | 76.8 | |
| 9 | 40.1 | 76.8 | |
| 10 | 40.1 | 77 | |
| $\overline{\Delta x}$ | 39.935 | 76.655 | −1.753755° |

$\Delta\theta_{逆}=0.0234294°$；

$G=1.225436\times10^{-7}\mathrm{m^3\cdot kg^{-1}\cdot s^{-2}}$。

放球（顺时针）：

| $a$（横轴） | $b$（球心连线垂直于杆时的球心距） | $c$（球心高度差） | $d$（球边距） | $R+r+d$ ($b'$) |
|---|---|---|---|---|
| 0.3193±0.005m | | −0.2±0.25m | 0.01±0.005m | 0.0985±0.007m |

| 序号 | $\Delta x_1$（左） | $\Delta x_2$（右） | $\dfrac{\arctan\left(\dfrac{\overline{\Delta x}}{L}+\tan\alpha\right)+\arctan\left(\dfrac{\overline{\Delta x}}{L}+\tan\alpha\right)-2\alpha}{4}$ ($\Delta\theta$) |
|---|---|---|---|
| 1 | 54.3 | 68.5 | |
| 2 | 54.5 | 68.5 | |
| 3 | 54.5 | 68.5 | |
| 4 | 54.5 | 68.5 | |
| 5 | 54.5 | 68.6 | |
| 6 | 54.7 | 68.6 | |
| 7 | 54.7 | 68.6 | |
| 8 | 54.7 | 68.6 | |
| 9 | 54.7 | 68.75 | |
| 10 | 54.7 | 68.9 | |
| $\overline{\Delta x}$ | 54.58 | 68.605 | −1.8559658° |

$\Delta\theta_{顺}=-0.078781426°$；

$G=4.12053\times10^{-7}\mathrm{m^3\cdot kg^{-1}\cdot s^{-2}}$。

（六）误差分析

我们发现最后的结果和实际有着非常大的差异，甚至相差了几个数量级，超出了我们估计的误差范围。我们猜测是由于许多不可知的因素造成的，如透明胶、人设置装置的不确定性、周围建筑物等的引力（不过我们采用最终变位法，这个因素应当不会引起太大误差），等等。不过不太可能是地转偏向力造成的误差，因为它不会产生任何力矩。

事实上，我们事前预测的观测效应要比我们实际观测到的小很多，不知为什么却出现了比理论大得多的观测效应。

我们测量引起的误差也相当大，如转动惯量 $I_1$ =0.0140±0.0113kg·m²，这个误差几乎达到了百分之百。所以，即便测得同一数量级的结果，估计我们的不确定度也会达到一个很高的程度，比如百分之几百，等等。

### （七）自我总结

1.组长冯智昀。

作为本组组长，我主要负责课题本身的选取、课题组织、计划、筹备实验器材及部分计算。

一直以来，物理作为一种阐述世界的理论而深深吸引着我，它的简洁与普适性令我着迷。甚至早在多年前，我便对着穹苍立下理想，誓要为统一场论奉献一生。因此，趁着本次研究机会，在与粟文泽的4次讨论后，我终于定下了这个课题——万有引力常量 $G$ 的测定。

实验是艰难的，以至于在早期的尝试中调试装置的时间更甚于真正的实验。然而这只不过是具有可预见性的可能性的诸多事件之一罢了。我们遭遇到许多同龄人无法想象的困难，有时一个微分方程的算法设计就要耗掉我们一个下午和晚上的时间。曾经满怀傲气的我也不得不承认，如果没有粟文泽高超的数学水平，以及周子靖严密的算法知识，抑或是莫子杰深刻的物理理解，我（或我们）绝不可能完成这个实验。

诚然，推动这个课题前进的关键是因为几个核心人物，但是作为物理的热忱者的其他人的贡献同样不可忽视或磨灭。感性的热情有时比理性的分析更有助于事件的发展。他们时不时的灵光一现更是对实验产生了很大的帮助。我们的实验就是在这样一种理性深刻与感性激越的交织中成功的。一切科学研究的过程也正是如此。

我们能够思考，拥有智慧。我们欲建立起的观察这个世界的法则——不论是诞生于人择原理也好，还是宇宙本身就客观存在也罢——正是无数天才千百年来所探求的。这种作为"法则"的最客观性在引力理论中则表现为万有引力常量 $G$ 这个数值——它就这么存在着，不生，不灭。

我曾抱怨实验的冗长繁杂，但又必须保持绝对的冷静与理性以使实验取得最佳效果。在进行这个课题前，我真的很难想象一个简谐运动竟能让人同时痴迷与抓狂到这种程度。然而，每当数据全部记录下来后我又毅然投身到二重乃至三重积分的计算中去（这即使对一个刚学完《高等数学》上册积分内容的人来说，同样是难以想象的）——那些写满代数符号的草稿纸也许正是这种科学魅力的见证。

就这样，实验在无数种心情的纠缠结合中结束了。我们的数据将成为最宝贵的资料，我们的结论是对我们思维的最高赞美。然而这远远不是终结，我抑或我们，将会一直沿着这条道路走下去。人类，对宇宙的探索从未停止。

2. 粟文泽。

我们沿袭18世纪卡文迪许的扭秤实验方法。本来，我们是借学校的器材来做实验的，却因操作失误毁坏了仪器，我对此深表歉意。不得已的情况下，我们使用了土制的器材，不过这样也更有利于我们估计误差。

我负责设计实验以及部分参与实验。理论推导是一件挺繁重的事。在计算转动惯量时需要三重积分及二重积分，繁复的计算使我增加了重积分的操作经验。如果球体对点的作用不似其质量集中在中心，那么计算将会繁复许多，而这一点可以用高斯定理证明。

在建立了扭秤转动模型后，我们得出了一个二阶非线性微分方程，不大可能给出其解析解，所以只能求助于数值方法。在周子靖的帮助下，得以利用C语言解决问题。最后由于精确度不够，不得已放弃。这样一来，又向周子靖学习了许多编程知识。

在实验过程中，发现了许多不可预料的影响因素。本来我们的仪器不应产生我们观测能力之外的效应，可实际上却观测到了。这说明有许多变量在影响实验。

我第一次尝试做一个如此大型的实验。深刻感受到这个实验确实难以驾驭，但最后还是坚持完成了。这培养了我的耐心及毅力。

3.周子靖。

17世纪，牛顿通过微积分，从开普勒定律中得到了万有引力定律。从那时起，人们开始对万有引力常量感到好奇。

我们决定追寻卡文迪许的脚步，进行万有引力常量的测定。

我负责计算机编程，以进行数值计算。

在分析问题时，我们列出了微分方程。由于此方程比较复杂，我们希望编程用数值解法解出。我们设计了一阶常微分方程的数值解法的算法，编写程序，并通过了一些简单的微分方程的测验。为了获得更高的精度，我们进一步改进算法，使用龙格-库塔四阶近似法，使程序在上亿步的计算中将误差控制在很小范围内。由于我们要解的二阶方程所转化成的一阶方程的特殊性，我们发现此算法无效。于是使用差分法设计数值解二阶微分方程的程序，但因C语言本身的精度问题而无法解上述方程。随后，我们想寻求数学软件Matlab的帮助，但因过于困难而另寻方案。除此，还做了将$G$值表达式程序化等工作。

同时，为了更深入地了解与研究问题，我进一步学习了多元微积分与经典力学，在数学和物理方面有了很大的进步，获得了很多新的知识。在思考算法与编程的过程中，获得了许多程序设计编辑的经验，这种经验是十分可贵的，只有在不断实践的过程中才能获得，对我来说是一种重要的提升。

通过这次研究性学习，我感到获得了很大的进步，这提升了我对计算机、数学与物理的兴趣。

4.莫子杰。

本学期，我们学习小组开展了物理实验与测量的研究性学习——引力常量的测定。本次学习主要让我得到了一些实验的经验如下：

（1）先确定理论基础。

我们组的实验主要基于牛顿的万有引力理论及金属材料扭转形变与其所受作用力的理论描述。在做自然科学的定量研究实验时，一定要确定应用何种理论模型，这样才能知道实验过程中要测定与控制哪些变量。

（2）要按照所选理论建立数学模型，并明确各变量间的关系。

（3）实验过程中使用的测量技巧，如将扭秤臂的偏转转化为镜子反射光斑的位移。

但本次实验还是出现了较大的误差，据实验前预计，理论上观察到的效应应该比后来观测到的小很多，也就是说别的因素影响了被观测量，这是我们很大的失误。

5.佘宇捷。

在物理课上，我一直非常好奇万有引力常数 $G$ 数值的测定是怎样测量出的，在知道我们组长的课题是测量万有引力常数 $G$ 的数值时，我便决定加入其中。

放寒假时，我们就跟随组长在广西农业科学院里进行了许多次实验，但是实验结果却不尽如人意，误差非常大。在早期实验失败的基础上，我们在开学后又进行了多轮实验，吸取了之前实验失败的教训，不断探索总结，改进实验操作，渐渐把误差缩小，最后得出了稍微精确的值。

研究性学习结束了，虽然没能取得非常满意的结果，但是，在实验过程中，我更深刻地明白了 $G$ 确定的重要性，这不仅对于揭示引力相互作用及其性质非常关键，还对物理学、天文学等领域都具有重要的理论和现实意义。

通过研究性学习，我对物理的兴趣更加浓厚了，我明白了精确求值的重要性和卡文迪许等科学家们孜孜不倦的探索、发现精神。

站在巨人们肩膀上的我，将会勇敢向前，不断开阔视野，学习知识，为祖国的现代化建设出自己的一份力。

6.陈泽薪。

我在这次研究性学习的活动中加入了"万有引力常量的测定"小组，正是他们的研究课题吸引了我，因为我觉得科学性的东西十分有趣、十分迷人。

我们是在一个封闭的室内做实验。我负责安装一部分仪器，实验进行得井然有序。由于室外有人走动，并且我们有不少人在室内，所以我们通过实验测得的数据与实际数据有不小的差距。但我觉得，过程才是最重要的。过程中，我们严格按照实验标准程序，多次实验并记录，再进行计算。因为这个实验对精确度要求非常高，所以我们在安装仪器时也十分细致。

从整个实验过程中，我们感受到了科学的严密性，这是丝毫马虎不得的。当然我们也理解了团队合作的重要性，进行如此精密的实验如果没有大家的齐心协力，误差应该会更大甚至无法测量吧！

研究性学习对于我来说意义非凡，为我今后的学习生活提供了宝贵的经验。

7.雷亿。

高一上学期时，我便对地理课上所学的天文知识产生了极大的兴趣。最近所学的物理知识更是涉及天文学的奥秘。于是我便参与了"万有引力常量的测定"的研究性学习活动。

在组长的带领下，我们来到广西农业科学院进行实验。我参与的工作包括与其他组员固定金属连杆，在远处固定激光器并调整转角和高度。

第一次实验误差很大，但我们不放弃，又重复了多次实验。在实验中，我们不断总结经验，克服困难。尽管最后测出的 $G$ 值不够精确，但这是我们小组汗水的结晶。

在这次活动中，我得到了许多启发与深刻体会：在实验中，我们应根据各自的优势及长处进行合理分工，从而加快工作效率；在解决问题时，团队合作十分重要；在进行科学探索时，坚持不懈是打开成功之门的重要钥匙。

8.薛鑫宁。

科学是美妙的，也是严谨的，严谨的思想总能吸引人们。跟随着科学巨匠卡文迪许的脚步，在本次的研究性学习中，我加入了冯智昀所在的小组，共同测量万有引力常数。为求得万有引力常数，我们采用了实验测量的方法，只有用实验测量的方法才是严谨的，而沿用卡文迪许的测量方法才是对他本人的尊敬。在本次实验测量中，我负责数据的记录整理。由于考虑到进行测量实验的复杂性和严密性，耗时较长，在寒假时，我们在组长的带领下，来到了广西农业科学院的实验室进行实验，以确保测量结果的精确性。令人沮丧的是，实验结果不尽如人意，但我们没有放弃，多次进行实验，终于获得了想要的成果。

本次研究性学习中，我认识到了，坚持就能获得胜利。

9.李璐莹。

万有引力常量$G$一直是科学家们努力测量的一个物理量，这次我们小组选择测量万有引力常量，是用一个类似于卡文迪许扭秤的简单的装置，来走进物理，体验探索发现的乐趣。

作为一个一点也不高端的人士，我是负责记录这次实验的摄影师，记录下我们组员在实验中的点点滴滴，记录下他们对于科学的那份求实的严谨，记录下我们组的那份团结与实验结束后大家收获的那份快乐。尽管在实验中我们遇到了种种困难，如器材的缺失、仪器的损坏、实验中出现了误差导致计算结果与实际$G$值偏差略大，但是我们都挺过来了。这是对于求知的那份坚忍不拔，这是永不被打倒的科学精神，这是我们新一代青少年对于科学的偏执与热血！

我收获了对于科学的执着，我收获了一个人生的真理：取得成功，就要经得起千万次的挫折与失败。这便是研究性学习给我的心灵这片干涸的土地洒下的滋润的露水。

10.李东霓。

作为摄影组的一员，我负责在组员做实验时拍照记录。虽说任务是图象记录，但我对实验原理以及实验过程也是很了解的。在组员做实验时帮忙，了解怎样进行实验数据分析和计算，在做实验过程中遇到困难时出谋划策。在这次研究性学习活动中，我们小组先后做了多次实验，其中出现了不少困难，如激光笔不合适、实验器材损坏等。但我们集腋成裘，最终还是完成了实验。虽然结果与真实数据相差较大，我们也对产生这种结果的缘由进行了详细全面的分析。我认为,这次研究性学习活动锻炼了我们的社会实践能力和组织能力。从开始分工到得出结论,都无不在增长我们的经验,使我们的综合素质得到提高。结果不是最重要的,我们得到了锻炼才是这次活动最宝贵的地方。

● 参考文献

［1］沈乃澂.基本物理常数1998年国际推荐值［M］.北京:中国计量出版社,2004.

［2］谭浩强.C程序设计:第三版［M］.北京:清华大学出版社,2005.

［3］同济大学数学系.高等数学:第7版(上、下册)［M］.北京:高等教育出版社,2014.

［4］魏国华.多元微积分［M］.上海:上海科学技术出版社,1988.

［5］张三慧.大学物理学(上、下册)［M］.北京:清华大学出版社,2009.

# 跨学科的教研成果[①]
## ——学生研究性学习成果案例二：关于南宁普通话现状的分析与思考

**摘 要** 随着《咬文嚼字》杂志发布的"2016年十大流行语"和"汉语盘点2016"年度字词，"南宁普通话"这种地域性普通话进入了大家的视野之中。这种在南宁人日常生活中使用频率较高的地方性普通话，南宁人对它的了解又有多少呢？其现状如何？本文着重调查了南宁普通话的特点与现状，通过问卷调查、查阅相关资料等方式，对为什么南宁普通话的评价出现两极分化，如何保护、传承和发扬南宁普通话进行了思考。

**关键词** 南宁普通话　地域性普通话　现状

---

[①] 课题组成员及分工：梁夏欣为课题组组长，陈颖欣负责撰写南普的现状部分，何思泉负责撰写对南普的思考部分，农嘉莹负责撰写南普的特点部分，陶星宇负责撰写南普的起源部分，韦潇颖负责收集分析整理问卷调查与设置论文格式，指导教师姚敏。

## 一、南普的起源、特点

### （一）南宁普通话的起源

南宁普通话（简称南普）其实算是历史遗留产物，改革开放后，全国大力推广普通话，南宁市人民政府积极响应并大力推广普通话。南宁本地人原来习惯讲白话、壮话和平话，在这种情况下，催生了南普这种"半个普通话"。由于这种普通话是夹杂着白话、壮话和平话口音的普通话变体，有人便戏称之为"南宁普通话"。

### （二）南普的特点

上段提及南普主要是由南宁白话演变而来的，因此在各种方面都难免带有南宁白话的印记。

1.在语调上。

（1）南普的语调很特别，它既有港粤普通话那种拖腔拉调的韵味，又有其该低却高扬、该短却悠长和丰富多彩的语气词等独自的特点（杨红华，2004：1）。

（2）南普中的语气词非常丰富，而且大多读音饱满（杨红华，2004：19）。

（3）受到南宁白话低声调、低调域的负迁移，南普声调高低升降不到位，声调的高低音域明显比普通话的窄，听感上没有普通话那么富有起伏，而是缺乏曲折、比较平缓（李婷婷，2012）。

2.语音上。

没有翘舌音、声调有所偏离等。

3.词汇上。

一些方言词语进入了中介语，而且使用频率很高，常见的有"嘢"（东西，指事物）、"轮阵"（麻烦）、"肚腩"（肚子）等。

4.语法上。

方言的一些语法规则在起作用,人们常说"我高过他"(我比他高),"我走先"(我先走),"头发白完了"(头发全白了),等等。

## 二、南普的现状

为了了解南宁人在日常生活中使用南普的情况,我们设计了一份调查问卷,从调查问卷的结果来分析南普的使用现状。

### (一)使用频率

在"您平常生活中使用南普吗?"的问题中,有80%以上的受访者表示会在日常生活中使用南普。南普在南宁市民日常生活中的使用频率相对较高(见图1)。

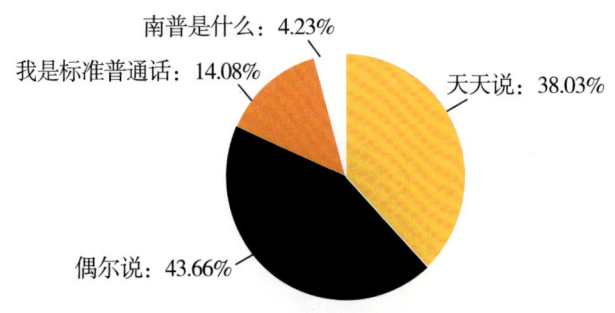

图1 南普在日常生活中的使用频率

### (二)了解程度

在"您对南普有了解吗?(如南普的成因、南普的标志词)"的问题中,选择"非常了解"的人仅有20%左右。南普一些标志词的使用情况见图2。

### (三)标志词的使用

在"您在讲南普时用到过以下哪些词?"的问题之中,大家普遍喜欢用"捏""喂"等语气词、感叹词,还有表示情感的词语。

本题标志词的来源参考《广西语言文字使用问题调查与研究》(陈海伦、李连进主编)、《广西人的普通话面貌》(覃凤余著)。

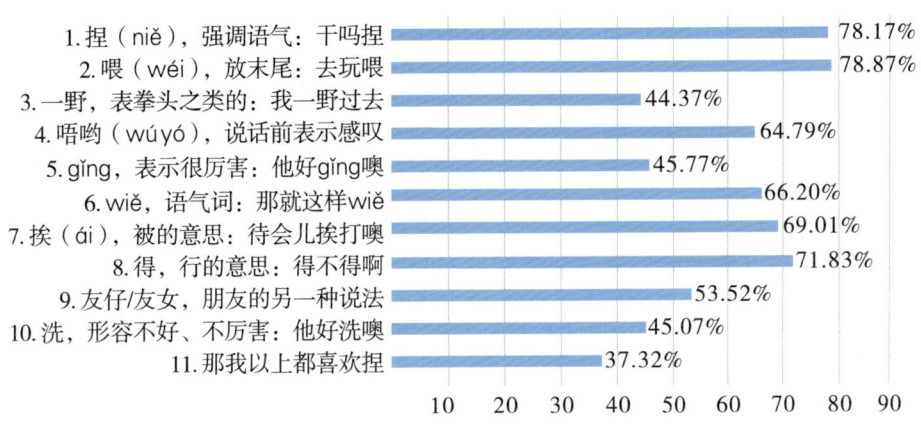

图2 南普标志词的使用

南普不仅在日常交流中使用广泛，在电视、广播、报纸等媒体上也能见到它活跃的身影。例如，广西广播电视台影视频道的《爱笑一家人》是一档以南普为主的喜剧栏目；广西广播电视台综艺频道的《疯狂 e 时代》栏目常常会播放南普的小品；南宁广播电视台的《看电影了喂》栏目，其内容以南普改编的影视作品为主。这些在南普基础上制作的节目，因为南普的幽默风趣、使用广泛等特点，让观众感到格外亲切，从而收获了大批忠实观众。南宁市本地的报纸、期刊也经常将南普的标志词加入标题中，旨在吸引读者，更有助于读者理解文章内容。以笑星杨建伟为代表的南宁市小品艺术家更是将南普带上了中央广播电视总台的舞台，将"南普小品"推向全国。同时，随着互联网的飞速发展，各种网络平台如微博、微信的兴起，更是给南普提供了更广泛的展示平台。在微信、微博上，经常可以看到用南普录制的搞笑视频、含有南普标志词的文章，显示了南普强大的表现力。

综合上述问卷调查的结果我们可以发现，大多数南宁人在多个场合主要使用南普交流，并且能够使用南普完整表述所要表达的意思。一些来南宁市读书的外国留学生也在南宁人的带动下学会了一口标准的南普。这充分说明了南普使用广泛，并且不受文化水平的限制。南普标志词的使用偏好体现了南宁人对南普强烈的喜爱程度。各种南普节目的出现，使人们对于南普的喜爱已不仅仅局限于南宁地区"南普小品"甚至被推向全国。但值得注意的是,虽然南普在南宁市使用十分频繁,可大多数使用者并不了解南普的起源、特点,对南普这一特色地域性普通话了解程度不高,这不太利于南普的保护、传承和弘扬。总而言之,南普已经渗入南宁人生活的方方面面,成为南宁人生活中不可或缺的一部分。随着互联网的发展,南普的发展趋势将越来越好,南普受众人群会更广,将会有更多人体会到南普的幽默风趣所在,成为南普的忠实粉丝,届时南普也会成为南宁市的一张独特的名片。

### 三、对南普的思考

南普体现着南宁人的特质。俗话说"一方水土养一方人",不同的地方有不同的语言特点。南普体现了南宁市的浓郁风情,体现了南宁人淳朴、乐观、好客、悠闲自得的性格,更体现了南宁人的乡土情怀。人们会根据一个人的口音来判断他是哪里人。很多时候,即使有的人能说一口标准的普通话,但在某种情况下,他更愿意保留自己的地方口音。一方面是对自己乡音的热爱,用乡音聊天倍感亲切,而又不失尊重;另一方面有地方色彩的语言具有强烈的亲切感和感染力,维系了当地人的情感链接(李咏梅,2012)。

在接受我们调查的南宁市民当中,喜欢南普的朋友们认为南普是南宁市的城市特色,好听并且希望能够传承下去,对于本地人来说能准确表达情感,表述也更能让身边人接受。有人认为它是一种南宁的精髓,在外地时能作为交友名片,让人感到亲切有趣,有独特的魅力和风格。甚至有人觉得,作为一个南宁人就应该讲南普。但也有人表达出了强烈想要改掉南普口音的意愿。

本小组认为,南普作为一种地域性普通话,有其强大的生命力和感染力。在日常生活中使用南普,总能表现出我们身为南宁人的自豪感。在外的南宁游子听到南普,心里总会升起莫名的亲切感。南普自带的幽默风格也给南宁人的精神生活增加了不少笑料。这大概就是南普在网络上如此受欢迎的原因。南普既然是因地域性差异而存在的,毕竟有别于标准普通话,让外地人听起来费解或是根本不解，甚至给人与人之间的沟通理解带来困难和障碍。同时，南普特有的语调也促使了部分市民想要改掉南普口音。我们还注意到，南普的一些标志词是由南宁白话中的不文明用语演变而来的，存在地域歧视、性别歧视等问题，这让南普带上了一丝粗鲁的意味，让人难以接受。

针对以上南普出现的问题，我们提出了如下几点建议：

一是既不应一味推崇讲南普，也不应该强烈抵制南普。南普作为一个地域性普通话，有其存在的必要和价值。但这并不代表南普就应该得到广泛推广，在当代社会我们还是应提倡讲标准普通话。

二是有关部门应设立专门的方言保护小组，将南普的起源、现状、发展趋势进行调查梳理，保护和传承好南普这一特色性语言。

三是相关媒体可以结合南普幽默风趣的特点制作关于南普的节目，让更多的人了解南普这一特色性语言

四是市民们在日常生活中应摒弃南普中的不文明用语，让南普变得更文明。

南普是我们日常生活中不可或缺的一部分，希望每一位南宁市民在能够讲标准普通话的基础上适时地使用南普，让南普这一地域性普通话更能体现它的价值。

## 四、结语

本论文经过小组成员的合理分工、通力合作、大量的资料收集和细心的研究分析得出了以上的结论。通过这次研究，也让我们对南宁普通话和方言保护方面有了一定的了解，我们将会在课余时间继续对南普进行深入的研究，以保护和传承这张南宁市的特殊名片。

● **参考文献**

[1] 陈海伦，李连进. 广西语言文字使用问题调查与研究［M］. 南宁：广西教育出版社，2005.

[2] 林亦，覃凤余. 广西南宁白话研究［M］. 桂林：广西师范大学出版社，2008.

[3] 梁滢."南宁普通话"韵母研究［D］. 南宁：广西大学，2005.

[4] 李咏梅. 关于地方普通话的产生动因、价值及未来趋势的探讨［D］. 南宁：广西大学，2012.

[5] 李婷婷. 浅谈南宁白话对南宁方言普通话的声调影响［D］. 武汉：华中师范大学，2012.

[6] 杨红华. 南宁普通话的语调、语气词及其声学表现［J］. 语言研究，2003（4）.

[7] 许艳艳. 广西南宁普通话对对外汉语教学的影响及其对策［J］. 广西师范学院学报（哲学社会科学版），2006（7）.

# 2

## 学段无界

『百年名校正青春』

无界学习

# 第一章
## 小初高衔接

# 促进跨学段伙伴技能提升的小初高衔接实践

谭冠毅

初中部五象校区教务处主任，物理高级教师，南宁市学科带头人、南宁市教育系统优秀共产党员、南宁市物理学科中心组成员。

**摘 要** 促进跨学段伙伴技能提升的小初高衔接实践旨在加强小初高之间的相互了解，探索小初高教学衔接的有效方法和路径，从跨学段集体备课，设衔接课程，到构建"学校—家庭—社区—社会"一体化的教育生态，充分利用数字资源，抓牢做细课堂教学教研，实现教研团队的卓越成长，助力教育教学质量的提升。

**关键词** 跨学段 伙伴 技能

小初高衔接立体成长通过跨学段打通小初高之间的隔阂，以衔接为突破口，带动学校教育教学改革，提高教育品质。利用数字资源开展小初高衔接集体备课实践研究，总结分析利用数字资源开展小初高衔接集体备课活动中的具体情况，使之理论化、系统化，进而上升为经验范式，总结出适用于小初高衔接的集体备课有效模式"寻找问题—分析问题—完善标准—理论提炼"，这可为教育行政部门提供借鉴。

小初高衔接实践模式借助了数字教材和数字资源平台，解决了小初高跨学段的资源共享难题。推动小初高衔接集体备课教研实现资源互通共享，融通落地课堂教学，利用数字资源，强化应用牵引、数据赋能、关键支撑，推进教育新基建，打造教育数字化发展新环境，满足多元数字化教育需求，健全教师信息素养培养体系，联通学校，赋能学生，充分发挥数字化的优势，打通时空隔阂，促进教学资源共享、多元协同，帮扶其他学校，进一步推进教育均衡，从而建设可复制、可推广、高质量的小初高衔接集体备课模式，统筹推进备、教、学、管、考、评等教育应用场景建设，全面促进"双减"落地，围绕立德树人根本任务，更新教育理念，改革教育模式，以数字化支撑高质量教育体系。

## 一、实践特色

### （一）跨学段

跨学段主要包括跨年级，包括小初高之间的衔接和融通，通过打通小初高学段隔阂，带动学校教育教学工作改革，培养出一批热心从事教育改革工作的骨干教师，提升教师的基本教育理论素养以及教育研究能力。

### （二）伙伴

小初高衔接集体备课就是一个教师同伴互助的过程，通过同伴之间的互助与分享、交流与探讨等，增强教师的同伴互助能力，实现小初高衔接集体备课的效率最大化。

### （三）技能

教师在运用数字资源进行小初高衔接集体备课时，可以增强运用信息技术、筛选信息、衡定教学内容等能力，从而全方位提升教师的技能。

## 二、必要性分析

如今，要推进"双减"政策的落实，需要科学统筹、组合发力全社会多系统，更需要先从教育系统内部做起，推动教育信息化从宏观、微观的角度对传统教育进行赋能，加快教育现代化改革进程。通过运用数字资源精准确定教学目标，开发小初高衔接教学资源，衡定教学内容，选择教学策略与技术，制订教学流程，精选例题、作业等方式提升小初高衔接集体备课的效率，增强小初高学段间教学伙伴以头脑为导向的教学技能，帮助学生成为高素质的学习者是本课题需要重点探讨的。

综合来看，国外在数字资源运用于小初高衔接跨学段教学、集体备课等方面有一定的研究，但并没有太多运用数字资源，通过集体备课方式提升了跨学段教学伙伴教学技能的研究成果。国内的研究，多数学者聚焦于数字资源和集体备课二者的融通程度及探索的路径，为本课题的研究提供了有效的经验，但他们的研究成果仍无法向一线教师提供一套可操作、易实践的小初高衔接集体备课模式。

目前，广西关于运用数字资源进行小初高衔接集体备课的研究较少，但相关教育部门已经在不断地推进运用数字资源提升教育教学质量的工作。2020年9月，广西正式启动义务教育阶段国家课程数字资源及应用服务项目，为数字资源运用于教学做了多方面的努力。一是搭建了服务于教学的教师备授课系统，能为全区义务教育阶段教师提供教材阅读、备课、授课等服务；二是提供了权威性、科学性和基础性的各学段数字教学资源；三是搭建了全区中小学数字资源规模化应用体系，构建了落地全区的数字资源应用培训体系和服务体系开展各级各类培训和教研活动，促进各学段教师课堂信息技术应用能力的提升；四是形成广西本土生成性数字化资源库，初步建立了优质教育资源共建共享机制，教师上传数字教育资源12万多个、微视频作品6200多件。广西对数字资源的运用涉及面广、影响范围大。借助广西全方面运用数字资源的契机，南宁三中致力于借助数字资源实行集体备课模式，以期运用数字教育资源提升小初高衔接的备课质量，从而促进学段教育向好发展，提高中学课堂教学的效率。

### 三、实践研究

#### （一）教师的衔接

南宁三中初中部五象校区毗邻南宁市五象新区第一实验小学、南宁三中高中部五象校区，能够依托、借力小初高衔接得天独厚的优势，打破时空界限，线上与线下相结合，充分利用数字资源，抓牢做细课堂教学教研，实现教研团队更长远更卓越的成长和发展，助力教育教学质量的提升。

南宁三中初中部五象校区探索通过Reflection（反思）、Analysis（分析）、Preparation（预备）三大主要步骤构成的简称RAP的集体备课模式（见图1）切实解决小初高衔接集体备课中的实际问题。RAP集体备课模式取得成效后向小初高衔接的集体教研推广。通过集体备课理念的更新、模式的推广，使得联合教研的集体备课效率和有效性显著提升，能够为教学、备考给予基础性的支持和方向性的引领。

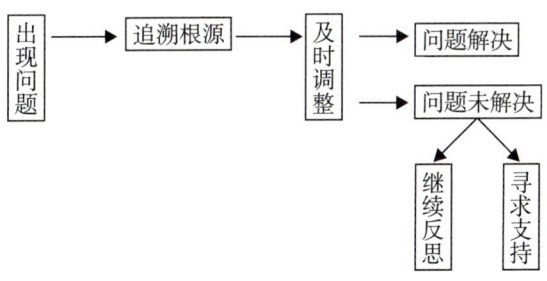

图1　RAP集体备课模式的模型

## （二）学生的衔接

"素养"一词在《现代汉语词典》中指平日的修养。开设小初高衔接课程能够引导学生求真尚学、励志敦行。依据核心素养，从多维度课程（见表1）入手引导学生懂得规矩、了解学科，养成学习习惯；在心理适应方面，从团队、家庭和个人入手引导学生懂得合作、了解自己，实现家校合作；在安全意识方面，从常规、技能和认知入手引导学生提高安全意识，掌握技能，保障一生。

表1 小初高衔接多维度课程

| 课　程 | 内　容 |
| --- | --- |
| 教师培训课程 | 专业技能、教师成长、制度通识 |
| 家长学校课程 | 规章制度学习（手机管理）、亲情教育、家校互动 |
| 学科选修课程 | 学科认知、兴趣培养 |
| 养成教育课程 | 规章制度、行为养成、班级值周、文明礼仪 |
| 爱校教育课程 | 校史校歌学习、班级文化建设、励志教育 |
| 学法指导课程 | 学习方法与习惯 |
| 心理认知课程 | 1.成长规划：家长化身为学生的成长助力师（家长进班级介绍生涯成长经验）<br>2.团辅课程：心理教师指导 |
| 团队教育课程 | 军训、跑步、做操、合唱、班级文化设计 |
| 安全教育课程 | 国防、紧急疏散、消防知识 |
| 感恩教育课程 | 主题班会、黑板报宣传、教师节回访母校、爱心公益活动 |

## （三）教育生态的衔接

构建了全学科课程阅读体系（见图2、图3），助力小初高衔接。基于学生的全面发展，依托学校与社区阅读基地，依据小初高衔接学科教学的规律，开设全学科阅读课程，提供学习方法指导，举办展示活动。

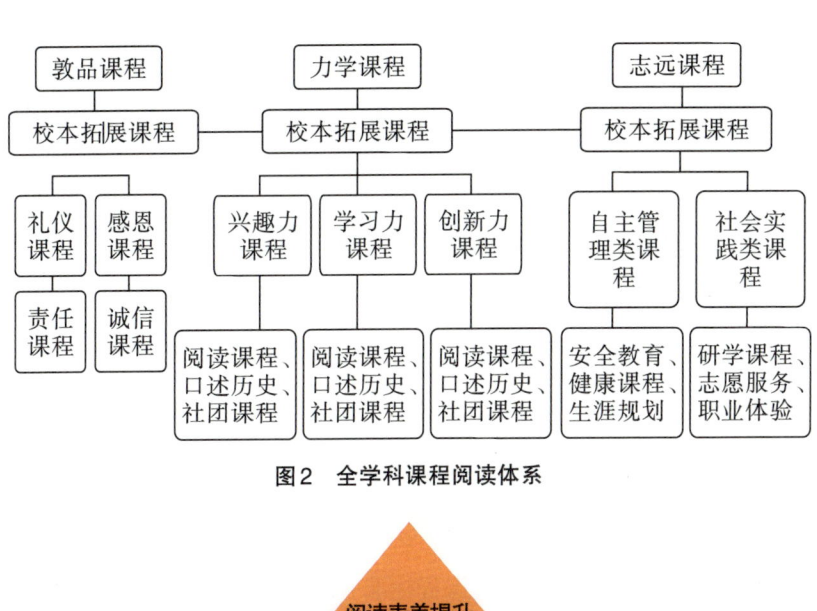

图2 全学科课程阅读体系

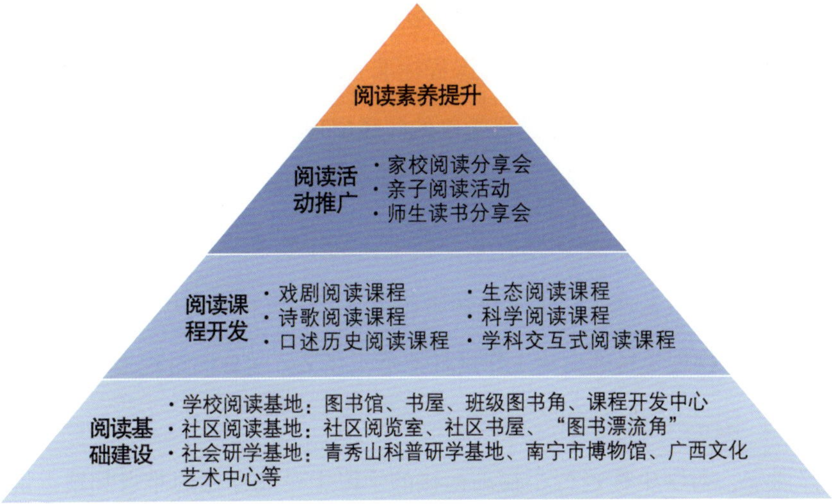

图3 全学科课程阅读体系

## 四、实践经验

### （一）数学

做好小初高衔接能够促进学生的可持续发展，增强小初高教师在教学上的相互了解，实现小初高教育教学改革的深度融合。小初高衔接除了体现在知识点、学习习惯、学习方式和过程、学生心理状况，还应体现在核心素养的连接，指向"三会"，也就是会用数学的思维去思考世界，会用数学的眼光去观察现实世界，会把现实世界用数学的语言表达出来。今后，我们还需要围绕小初高衔接这个课题，不断学习并广泛融合，认真完成各学段衔接目标任务，促进我校教育教学质量的同步提高，实现小初高一体化发展。

### （二）物理

小学综合实践常识到初中、高中物理，除在教学内容上有所拓宽和延伸外，更对学生的能力提出了更高要求，所以容易出现物理教学上的学段脱节。对小初高衔接进行研究，能更好地把握义务教育阶段的教学特点和学龄特点，调动学生学习物理的积极性。小初高衔接课程需要丰富的案例素材，由易到难地递进引导，让学生感受到思考带来的成就感，同时启发学生去探寻进一步的结论和规律。授课课堂要以本为纲，扎进教材剖析核心规律，合理地进行外延的发射，这也体现出了《义务教育物理课程标准（2022年版）》（简称课标）指出的"能运用所学物理概念、规律进行简单的演绎推理，得到结论"的学习过程。同时需要从课标中的核心素养、学业质量、课程内容这3个方面进行初中、高中物理学科的比较和说明，新课标背景下初中、高中物理之间的联系越来越紧密，在今后的学段衔接备课工作中需要钻研初中、高中教材和初中、高中课标内容，将初中、高中物理学科的衔接工作更好地落实在义务教育的过程当中。

### （三）化学

授课中，对学生在进行小初高衔接的学习中可能存在的难点和疑点解析得有梯度，逐层深入拓展。第一，侧重情境的引入，能够点燃学生思想火花，容易产生学习研究的原动力和内在需求。第二，能够突出知识和人文的主线。以教材为根本、为依据，学科知识间的逻辑关系重新整合，巧设台阶，进行小初高衔接的设计。在整个过程中，学生自主进行探究，锻炼了自主学习的能力，并在回忆小学综合实践和了解高中知识的过程中收获了自信心，突出学科能力和核心素养、人文情怀和科学精神的培养。

### （四）政治

活动式政治课程是课程标准修订的一大亮点，而实现活动式政治课程的重要手段是设计和实施议题式政治教学课堂。课堂活动设计是为了落实教材内容而展开的，政治议题式教学方式可以明晰课堂活动设计与课程内容之间的关系。政治教学设计体现活动式政治课程的重点是拟定活动的议题，即以课堂活动为基础的议题应成为政治教学设计的重要组成部分。在设计议题式政治教学时，一定要兼顾政治教学的展开逻辑和学生的认知规律，充分考虑教学活动的推进，思考学生思维进阶的上升和渐进，使议题式政治教学活动顺利展开。与议题式政治教学设计相适应的是学生的课堂成绩和学科学业成绩如何在政治教学评估中呈现的问题。同样需要在这方面充分考虑的，还有议题式政治教学的推进和落实。只有这样，才能在小初高衔接实践中真正发挥议题式政治教学活动的作用。

### （五）地理

小初高衔接可以设置一系列问题，问题的设置具有层次性，问题式教学能够调动学生学习的积极性，同时提高课堂的效率，增强学生的思维能力。第一，小初高衔接课程需要有明晰的学习目标，区域认知落实好，从整体到差异认识地理问题；第二，注重创设和谐平等的师生关系，达到心灵的沟通，这对于小初高衔接课堂来说特别重要；第三，使过程有条理、知识有结构、思维能清晰。通过本次小初高衔接的学习，我们知道了在初中地理教学中要注重知识的趣味性和传统文化的渗透，这样能够增进学生热爱家乡的情感和国家认同感，滋养人文情怀，增强社会责任感。

## 五、结语

运用数字教育资源开展小初高衔接实践，借助数字教材和数字资源平台，能够解决小初高跨学段的资源共享难题，推动小初高衔接集体备课教研实现资源互通共享，融通落地课堂教学，以期这样的模式能在义务教育阶段进行推广。进一步推进教育均衡，从而建设可复制、可推广、高质量的小初高衔接集体备课模式，完善备、教、学、管、考、评、研等教育应用场景建设，推进服务、资源、实践等活动的统筹，以支持优质教育体系的数字化建设。

『百年名校正青春』

无界学习

# 第二章

## 竞赛课程

# 跨学段培养学科竞赛拔尖人才的思考

胡 波　黄成林　张 静

胡波，高级教师，南宁市教学骨干，南宁市首届普通高中新课程新教材实施地理学科教学指导专家，两次被评为南宁三中"我最喜爱的教师"，多次被评为南宁三中优秀教师，已完成多项自治区级课题。

**摘　要**　南宁三中作为广西重点示范性中学，承担着为国育才、选才的重任。为满足不同潜质学生的发展需要，推进培养模式多样化，探索发现和培养人才的新途径，推行跨学段培养学科竞赛拔尖人才势在必行。

**关键词**　学科竞赛　跨学段　人才培养

## 引　言

　　学科竞赛的宗旨是向中学生普及科学知识，激发学习科学的兴趣和积极性，提供相互交流和学习的机会，通过竞赛和相关的活动培养和选拔优秀学生。往往是在基础学科学习方面具有天赋的学生，才能通过学科竞赛脱颖而出，而打破学段的边界，提早发现和培养这样的学生，是实施因材施教的重要体现，也是培养拔尖人才的重要举措。

### 一、拔尖人才培养对象的选拔路径

#### （一）开展基础学科研学活动

　　以数学、物理、化学、生物和信息等学科为依托，邀请小学、初中的部分学生参加由学科竞赛教练主导的研学活动，通过研学中学生的表现确定部分培养对象。

#### （二）开展科技节系列活动

　　以学校科技节系列活动为依托，邀请小学、初中的学生来校参加系列活动，让其通过活动展示才能，发掘有突出表现的培养对象。

#### （三）开展名师送教活动

　　利用义务教育阶段课后服务的时间，进入小学、初中的课堂，打破深度学习的知识边界，同时发掘具有超强学习能力的培养对象。

### 二、搭建初中、高中学科交流与协作学习平台

#### （一）搭建初中、高中学科教学的交流分享与协作共研的教学平台

　　为在初中学有余力的学生提供初中、高中无界学习平台，开设初中、高中衔接课程及高中先修课程，为学生进一步学习学科竞赛课程打下良好的发展

基础。

### （二）开设各学科奥林匹克竞赛选修课程

将数学、物理、化学、生物和信息五大学科奥林匹克竞赛课程下沉到初中和小学，为在学科奥林匹克竞赛上有天赋的学生提供学业指导。

## 三、创新初中、高中学科奥林匹克竞赛衔接模式

### （一）学习心理的衔接

针对学生年龄特点和心理特征，运用不同教学手段、多种教学方法来启发学生思维，着重开展这一过渡时期学生的学习动机教育，提前为学生完成从初中到高中的心理过渡打好基础，进而引导学生逐步树立远大的理想。

### （二）教学内容的衔接

初中阶段主要是注重基础知识的传授，高中阶段学生的知识进入了扩展和使用阶段，内容逐渐复杂，难度也随之增大。学科奥林匹克竞赛内容在高中阶段学习内容的基础上，对学生创新问题解决办法的要求更高了。学生要适应新的环境、新的教学要求，这就要求我们的学科奥林匹克竞赛教师了解初中、高中的课程标准，熟悉初中、高中的教材内容，把握教材知识体系的内在联系，将初中生阶段的学习特征和高中的学科奥林匹克竞赛要求有机结合起来。

### （三）学习习惯的衔接

学科奥林匹克竞赛学习的难度极大，学生主动、自觉地学习占主导地位。这就要求我们注重在初中阶段培养学生养成良好的学习习惯，其重要性并不亚于传授知识本身。这不但是对每个学生进入高中学习的要求，而且是令所有学生终身受益的一件大事。

### （四）学习方法的衔接

初中阶段科目少、内容浅，而高中的学科奥林匹克竞赛学习压力成倍增加，抓好学习方法的衔接是关键。学科奥林匹克竞赛要求学生具备超强的学习能力，并具有自主探究、合作学习、深度阅读、创新能力等素养，因此培养良

好的学习方法是必备要求。

### （五）教学评价的衔接

初中的教学评价侧重于激励，高中的教学评价则向学生提出了更为具体、细化的要求，但教学评价最根本、最重要和最终的目的在于使学生得到发展，在于通过课堂教学使每一个学生都在原有的基础上得到提高。为此，我们在注重教学质量的同时，也应注重鼓励性评价，坚持正面引导，善于发现学生的闪光点，给予学生更多的鼓励。

## 四、构建课后服务高阶思维拓展课程体系

课后，我们应充分利用学校的资源优势，满足学生多样化学习需求，基于各学科的实际应用场景，利用课后服务时间开展项目式学习、研究性深度学习与校外拓展研学活动。

### （一）物理组

物理组开展"物理课本背后的故事""初中物理知识深度探究与挖掘""科技研学"三大系列课程，通过让学生了解物理课本知识的历史由来，了解物理在生活和生产的应用，拓展学生的物理视野，培养学生进行物理学习的兴趣，拓展学生学习物理知识的深度和广度，与高中知识进行深度融合衔接，使学生获得更广的物理视角，形成更高阶的学科思维，提升学生的物理学科素养。同时，带领学生走进生产和生活，开展无界深度学习，如拓展物理社学员的学科视野，使学生获得更深层次的物理学习动力。

物理组多次组织初中、高中衔接物理学科深度共研活动，在学科奥林匹克竞赛教练和高中物理社学员的带领下，在高中部青山校区高端数字化实验室分组开展了迈克尔逊干涉仪、气垫导轨研究碰撞、示波器测声速、亥姆霍兹线圈研究磁场分布、光杠杆法测杨氏模量、单摆测重力加速度、测量凸透镜焦距、光的干涉、分光计测三棱镜折射率、分光计观察氢原子光谱、自由组装电学电路11个实验项目的共研活动。利用假期组织物理社学员到广西北斗天宇航天科

技有限公司的北斗科普中心开展"传承红色基因，共筑航天强国梦"研学活动，进入科研机构学习前沿航空航天知识。

### （二）数学组

数学组通过关键知识点、关键能力点、数学史、数学游戏及身边数学应用，给学生一个支点，在教师的引导下，激发学生学习的兴趣，培养学生学习数学的自信心，从而使其学会自主学习并进行较深度的研究，提升自主学习能力，提高思维品质。为此，学校开设了趣味数学史、趣味数学游戏、数学实践—图案设计等趣味性和应用性的课程。

### （三）化学组

化学组注重从教材知识内容、教学方式、学习方式三方面衔接来制订适配的课程计划，通过给学生创设情景，让学生发现问题、提出问题，从而激发学生的学习兴趣，寻求解决问题的方法，让学生不但能掌握系统的学科知识，而且能真正运用所学知识去解决现实中的实际问题。通过设置合理和有趣的实验、情境或问题导入新课，激发学生的求知欲；适当介绍化学研究领域的新成果和研究动向，给学生启迪；加强演示实验、分组实验，培养学生的动手、观察和思维能力。

化学组组织高中部化学晶体社核心成员进入初中部青秀校区开展交流和共研活动，在导师的指导下完成项目式实验探究，开展如"广西特色植物色素提取及色牢度检验""模拟自来水厂净水器制作""化学震荡碘钟实验""制作硫酸铜晶体""制作晶体'蓝色玫瑰'、'赤血盐玫瑰'和晶体'黄金雨'""制作'暗夜精灵'——水合乙酸铜单晶""制作'粉红记忆'——高氯酸铵与高锰酸钾混晶""制作肥皂""探究维生素C泡腾片"等研究性实验课程，把实验过程与成果进行总结、分析、提炼，生成大量研究性论文成果，在各类科创类论文比赛中屡获大奖。

### （四）初中、高中信息技术组

初中、高中信息技术组合力打造初中、高中一体化培养体系，从初中开始向学生介绍信息学相关内容，激发学生兴趣，发掘在信息学领域有突出特长的学生，将初中、高中6年作为培养周期，通盘考虑，统筹规划，制订合理的培养方案，既有科学的上升通道，又有完善的退出机制，确保学生在不影响正常文化课学习的前提下，充分发展、发挥特长。探索适合低龄段学生学习的信息学科内容，探索适合低龄段学生的信息学科教学方法，探索适合信息学科特点的合作学习组织形式，建构信息学合作学习和深度学习的模式。

信息组对初中、高中6年的学习时间合理划分为若干个学习阶段，制订每个阶段的培养目标，确定可以量化的指标，用以评估每个阶段培养的成效；开发适合每一个阶段的校本课程、配套的练习题库和考试题库。通过高中部学科奥林匹克竞赛教练指导和组织初中指导教师参加专业培训，完善初中指导教师的知识储备；通过每一个阶段的教学、反思和总结，提高全体指导教师的教学能力，同时在建设梯队的过程中，提升指导教师的组织能力和团队建设能力。另外，利用课后服务，开展C++编程语言进阶课程、创意编程、机器人编程、人工智能编程等拓展课程，培养具有编程兴趣和天赋的学生，为今后培养编程人才奠定坚实的基础。

## 五、结论

打破学段的界限，探索发现拔尖人才的新途径，是培养竞赛拔尖人才的必由之路。只有从学习内容、学习心理、学习方式等方面进行无界学习，才能提升学生的素养和能力。只有从心理、能力、素养等方面全面培养竞赛人才，才能出类拔萃。

『百年名校正青春』

无界学习

# 第三章

**生涯规划**

# 核心素养背景下生涯规划校本课程的开发研究

黄静文

中学二级心理教师,曾获南宁市心理健康教育教师专项技能评比一等奖,被评为南宁三中优秀副班主任。

**摘 要** 构建生涯规划课程体系对培养学生核心素养意义重大。本研究基于初中生生涯发展阶段及心理特点,以核心素养为依据和出发点,开发并实施了以提升学生职业生涯规划力为目的的校本课程。针对不同年级学生的心理特点,设计了自我认知、情绪管理、关系构建、生涯发展、职业规划五大方面48个主题,采用不同的教学方式,促进学生探索自我,提升职业生涯规划能力。

**关键词** 核心素养 生涯规划教育 职业生涯规划 初中

随着素质教育的深入推进，核心素养成为当前教育的关键标识。初中教育如何适应新时代要求，为学生在未来走向自我实现和经济独立做准备，衔接学业规划与生涯发展，成为教育者必须思考的问题。生涯规划教育作为一种人生发展教育，为解决当前教育困境提出了新的思路和方向。本研究以南宁三中为例，探讨生涯规划教育的内涵，尝试将核心素养融入生涯规划教育，开发初中生涯规划校本课程。

## 一、生涯规划教育的内涵

生涯规划教育发源于西方国家，20世纪初美国学者帕森斯提出了"职业辅导"这一概念，为生涯规划教育的诞生奠定了基础。20世纪50年代美国学者舒伯进一步发展出生涯发展理论，将生涯定义为个人终其一生所扮演角色的整个过程。马兰于1971年提出生涯教育是全民的教育，是从义务教育开始延伸至高等及继续教育的全过程，生涯教育同时具备学术与职业功能，为升学和就业服务，让学生在生涯规划教育中构建职业价值观，创造有价值的人生。

从广义上来说，生涯规划教育是个人在一生发展过程中所接受的教育活动。从这个角度说，学生在学校接受的一切教育活动都可以称为生涯发展规划教育。从狭义上来说，生涯规划教育主要指个体在其某一段生命阶段所接受的与生涯发展相关的教育活动。本研究中的"生涯规划教育"是狭义的生涯规划教育，仅指初中阶段学生在学校所接受的有关生涯发展的教育活动。

生涯规划教育的目的在于引导学生了解与职业相关的信息，促进学生生涯发展，帮助学生作出生涯决策。

## 二、核心素养时代生涯规划教育的现状

素养不是简单的知识与技能，而是在不同情境下调动心理社会资源以解决

困难的能力。核心素养则是学生应具备的适应终身发展和社会发展需要的必备品格和关键能力，是新时代课程改革的重要方向，是国家需要人才品质的集中体现。我国对核心素养的界定：核心素养是学生在接受相应学段的教育过程中，逐步形成的适应个人终身发展和社会发展需要的必备品格和关键能力。从核心素养这一概念的角度看，学校教育必须打破学段的界限，整合学科特点，提供融通的教学场景，推动学生从纸上的"二维学习"走向"三维学习"。

核心素养的培养既体现在语文、数学、英语等传统科目的日常教学中，也体现在学生对自我未来及学业的规划能力上。国内关于生涯规划教育的研究与素质教育的推进是密不可分的，在应试教育阶段，中学多以升学为目标，职业规划与生涯教育并不受重视。随着社会发展与新一轮的高考改革，改变了过去"一考定终身"的应试教育现象，生涯教育成了协助学生与家长合理规划学习与未来就业的重要帮手。培养学生核心素养，从生涯规划教育入手，将核心素养的三大方面六大素养融于生涯规划教育中，实现课程育人、活动育人、实践育人，从而为学生终身发展和人生幸福奠定基础。同时，核心素养的提出和素质教育的实施都是为了让每一个学生更好地成长，这与生涯规划教育的本质和理念是相符合的。

然而，目前我国仍缺乏生涯规划教育的纲领性文件，各地各学校均根据本校特色与学情开展生涯规划教育，呈现出百花齐放、形式多样，特色与问题并存的景象。部分学校从实践出发，如湖南省衡阳市第八中学从生涯规划教育的目标出发，结合高中生的发展和学习特点，设计以生涯启蒙、自我认识、外部探索、生涯素养、生涯决策为主体的生涯规划教育课程内容。某些学校在开展生涯规划教育时缺乏科学性与实效性或是仅将生涯规划教育作为一项装点门面的特色活动。可见，目前我国的生涯规划教育依然处于探索阶段，研究多为整体构想层面，理论与实践研究远远不够，与发达国家的生涯规划教育存在较为显著的差距。国内关于初中阶段职业生涯规划教育的研究更是少之又少，多为单一的课程设计或在学科教学中的渗透研究，少有深入的课程开发，导致生涯规划教育缺乏系统性和连贯性，只存在于短暂的升学指导中。

然而，生涯规划教育应是贯穿人一生的教育，在信息时代的高速发展中，学科教育的壁垒已逐步被打破，而生涯规划教育更应打破"生涯教育在高中，生涯规划为高考"的思想，将生涯规划教育引入义务教育阶段。让生涯规划教育引领初中生思考并探索自我、他人、职业世界与社会之间的关联，协助初中生到达应该到达的生涯发展阶段并完成相应的生涯发展任务，为未来的生活和职业方向选择提供启发和帮助。

同时，初中在中小学各学段中起到承上启下的作用，初中生较小学生表现出更强的抽象思维，同时也表现出更强的自我意识，他们希望尽快进入成人世界，试图摆脱童年的一切，寻找一种全新的行为准则，扮演一个全新的社会角色，获得一种全新的社会评价。初中生也将面临第一次人生道路的抉择。初中生处在个人生涯发展的重要时期，不论是基于升学的选择或是人生发展的内在需求，都需要学校为他们提供系统的生涯规划教育。

## 三、初中生涯教育校本课程设计与实践

### （一）课程目标

打破生涯规划教育学段边界并不意味着全盘接受高中生涯规划教育的课程内容，而应该重新制定符合初中生认知特点的课程体系。初中生对于职业和专业选择的需求还不高，不应盲目过早地作出生涯抉择，而应该将课程目标与重心确定在正确认识自我、了解社会、了解世界等方面，对可能承担的各种生涯角色有所认识，并做试探性的尝试和必要的准备。

同时，依据舒伯的生涯发展理论，初中正处于生涯发展的成长阶段（0—14岁）及探索阶段（15—24岁）的过渡阶段，是发展自我概念及探索职业可能的重要时期。初中生在这一阶段需要通过学校学习、社会活动来认识自我，了解世界以及工作的意义，初步建立起良好的人生态度。在此理论基础上，本研究将课程目标确定为：

1.学生的自我发展。

提高学生自我认识、评价和情绪管理的能力,增进学生对自我性格、兴趣、能力及价值观的了解。

2.生涯探索与规划。

引导学生了解生涯发展概念,初步了解职业类别与相关工作内容,培养学生生涯规划能力。

3.生涯发展能力。

培养学生终生发展的素质与能力,帮助学生构建心理社会资源及外在支持系统,让学生能够拥有适应职业需求和社会变化的必要技能与重要品格。

(二)课程内容及模块

在认知上,初中生开始由"经验型"向"理论型"转化,因此对于初中学生,适用以生活为本位的教育模式扩展其生涯认知,引导其初步进行生涯探索与尝试。在课程设计上还是以活动为主,在活动中体验以总结经验,并辅以一定的理论讲授,帮助学生更好地理解生涯发展概念并做好生涯规划。

因此,本研究以培养学生核心素养为重点,基于初中生的认知特点和学业安排,从自我认知、情绪管理、关系构建、生涯发展、职业规划五大方面进行课程设计。根据不同年级特点和需求,设计了不同的课程主题。

初一以入学适应为起点,引导学生了解自我概念,探索个人兴趣与特质,学会合理地认识与评价自我,共安排16学时的内容(见表1)。

表1 初一生涯规划校本课程设计

| 主题名称 | 主要内容 | 课时安排 |
| --- | --- | --- |
| 新的学校新的我 | 适应新学校,了解新自我 | 1课时 |
| 读懂我姓名 | 从名字认识自我,明确自我概念 | 1课时 |
| 我眼中的自己 | 了解自我特质 | 2课时 |
| 我的"寻人启事" | 理解我"我"与他"我"的区别 | 2课时 |
| 爱丽丝的自我探索之旅 | 探寻自我资源与勇气来源 | 4课时 |

续表

| 主题名称 | 主要内容 | 课时安排 |
|---|---|---|
| 他人眼中的我 | 学会多角度全面地认识自我 | 2课时 |
| 发掘我的闪光点 | 了解自身长处及优点 | 1课时 |
| 神秘的气质 | 了解自身个性特点 | 1课时 |
| 悦纳自我 | 合理评价自我，提升生涯适应力 | 2课时 |

初二的课程以培养学生树立乐观自信的生活态度，增强情绪管理能力，提升学生人际沟通水平，构建和谐人际关系为主，共安排16学时的内容（见表2）。

表2 初二生涯规划校本课程设计

| 主题名称 | 主要内容 | 课时安排 |
|---|---|---|
| 多彩的情绪 | 了解情绪的多样性 | 1课时 |
| 识别情绪 | 理解情绪在沟通中的作用 | 2课时 |
| 情绪冰山 | 了解情绪背后的需求 | 1课时 |
| 消极情绪我有方 | 接纳消极情绪，学会排解压力 | 3课时 |
| 合理表达情绪 | 掌握情绪管理与沟通技巧 | 1课时 |
| 我的人际圈 | 构建生涯外在支持系统 | 2课时 |
| 我与你同在 | 共情他人，理解世界 | 1课时 |
| 成为"话题守护者" | 主动与他人沟通 | 2课时 |
| 真诚地赞美 | 学会寻找他人身上的闪光点 | 1课时 |
| 倾听与沟通 | 真诚待人，善于倾听 | 2课时 |

初三的课程以生涯唤醒、生涯探索、生涯适应、生涯抉择为主线，引导学生形成生涯观念，建立正确的生涯态度，了解职业类别与工作角色，培养规划学业与未来职业方向的能力并初步尝试人职匹配，共安排16学时的内容（见表3）。

表3 初三生涯规划校本课程设计

| 主题名称 | 主要内容 | 课时安排 |
| --- | --- | --- |
| 霍兰德岛屿之旅 | 唤醒生涯意识，初步了解自我兴趣 | 4课时 |
| 我们都是"打工人" | 认识不同的工作角色，掌握求职流程 | 1课时 |
| 兴趣的升级之路 | 探索自我兴趣与可能的发展方向 | 2课时 |
| 一棵"家庭职业树" | 了解自身人际资源 | 1课时 |
| 多元智能探索计划 | 寻找优势能力 | 3课时 |
| 价值大拍卖 | 探寻职业世界的"重要与不重要" | 2课时 |
| 寻找梦想坐标 | 培养初步职业生涯规划能力 | 2课时 |
| 令我心动的Offer | 认识当前教育对未来职业的贡献 | 1课时 |

### （三）课程实施

舒伯认为，生涯发展课程是促进学生生涯发展的最适宜方式。将生涯发展教育课程化，是成本最低、效果最好的生涯规划教育方式。南宁三中初中部五象校区从2019年开始确立了课程目标及主题，教师在不断尝试中边实践边反思，不断调整教学内容、教学方法、活动流程等，让课程更贴近学生的兴趣和需求。从2022年开始形成了较为系统的课程体系，从初一入学开始到初三毕业，分别进行了自我认知、情绪管理、关系构建、生涯发展、职业规划五大方面课程的授课和相关活动的开展。

在进行生涯规划教育课程时，一定要遵循以学生为中心的主旨，用活动作为课程载体，给予学生思考与探索的空间，让学生在活动中体验和感悟。比如，初一课程"读懂我姓名"中，开展了"名字联想"活动，让学生通过姓名联想其他词语，并用这些词语为自己做一个自我介绍。这既增进了初一新生间的相互了解，又以名字为工具让学生探索自我，并尝试建立一个理想自我。初三的课程"霍兰德岛屿之旅"则以霍兰德职业兴趣理论为基础，结合初中生认知特点设计了活动和理论相结合的系列课程。霍兰德课程多见于高中和大学，以岛屿选择为导入，理论讲授为主体，而将霍兰德职业兴趣理论引入初中就要因地制宜作出改变。初中生的课程可以以活动为主体，把岛屿探索、团队创建、分组任务及理论讲授分别作为一节课的授课内容。首先为学生创设情境，引导学生认识和匹配岛屿，并与选择同一岛屿的伙伴共同完成系列任务，在任务过程中发现各个岛屿的优势和不足，从而引发学生思考不同的岛屿可能适合哪些不同的职业。最后，教师结合初三学生的认知特点进行一定的理论讲授，帮助学生更好地理解职业兴趣概念，明白人职匹配的重要性。

在课程实践部分，主要通过生涯人物访谈，了解身边人的职业生活，深度认识榜样人物和职业世界，并结合自己的学业水平，作出暂时性的生涯决策和行动计划；开设模拟面试活动，为学生创设了生涯体验的场景，帮助学生加深自我认识，并在过程中思考一个未来的可能的理想自我；联合校外研学活动，开展职业体验与职业尝试，如当一当博物馆的"小小讲解员"、南宁火车东站的"小安检员"等，初步了解未来职业发展的多种可能。

### （四）课程评价

课程评价是检查课程目标是否达成，判定课程设计效果的重要途径。初中生涯规划校本课程的评价可以从以下两个方面入手。

1.学生评价。

通过设计"初中职业生涯规划调查问卷"并进行前测和后测，了解学生课堂感受与生涯规划意识的变化，同时可以建立学生生涯发展档案，内容涵盖学生成长历程、心理测评结果、特殊表现、自我评估、行动计划、生涯规划等；每学期及时填报修正，监测学生生涯规划历程的同时培养学生自我管理的良好习惯。

2.教师评价。

通过组织教师听评课、跨学科备课等方式，及时反馈课程评价，督促教师提升教学能力，促进多学科融合职业生涯规划教育。

## 四、反思与展望

生涯是一个不断变化的过程，生涯规划校本课程同样也需要根据时代作出相对应的调整。本研究所尝试的初中生涯规划校本课程仅是一次实验与初探，还需要在后续的实践中不断修正和自我完善。虽然可以将生涯教育系统地引入初中，做好前后学段的衔接，但仍需要打破学段边界和家校边界。学校可以尝试引入其他学科教师和家长，做到多学科融合生涯规划教育，让教师进一步做到因材施教，尊重学生的兴趣爱好和重视学生价值观的引导和塑造，注重学生的职业能力培养，有针对性地服务学生的生涯发展；邀请家长入校开展职业故事进校园等活动，让家长资源成为学校生涯规划教育的"补给站"，帮助学生进行职业探索，激发学生思考未来的生涯道路。在未来，南宁三中将继续探索适合初中生的生涯规划教育之路，开展有针对性的个体生涯辅导服务，做到因材施教，尊重学生个性发展。

在培养学生核心素养的道路上，生涯规划教育是引路石，是敲门砖。但生涯规划教育不应只有生涯规划校本课程，而应以课程为主体，通过实践活动、职业体验、学科渗透等多方面共同构建立体式的生涯规划教育模式，让学生在多维度的教育中获得成长。

● 参考文献

[1] 徐晓翠，董辉. 核心素养视角下青少年生涯教育课程构建的探索与实践：基于上海市D区青少年生涯课程构建的行动研究 [J]. 青年发展论坛，2022（02）：87-95.

[2] 田丽. 以核心素养为引领，探寻普通高中生涯规划教育实施体系 [J]. 课程·教材·教法，2017（10）：63-69.

[3] 华小敏. 普通高中生涯发展教育课程设计的研究 [D]. 南京：南京师范大学，2017.

# 3 场域无界

『百年名校正青春』

无界学习

# 第一章
## 研学课程

# "五育并举"视域下的高中研学旅行校本课程设计

陈现永

高中政治教师,高级教师,南宁三中政教处副主任,南宁市教学骨干,中共南宁市教育工委优秀共产党员,南宁三中优秀教师、优秀班主任。

**摘 要** 研学旅行作为新型课程,突出课程的实践性和地域性,学校作为课程实践主体,应积极参与研学旅行的课程开发,按照新时代党和国家的教育方针,以"五育并举"为课程根本目标,富有特色的地域文化为课程元素,展开多学科融合、学校与研学基地共建的课程设计,形成特色校本课程体系。

**关键词** "五育并举" 研学旅行 校本课程设计

研学旅行在我国已有很长时间的探索，"读万卷书，行万里路"，在实践中求真知的唯物主义教育实践在我国历史悠久。从古至今，我国知名专家学者都非常看重书本以外实践教学治学思想（见图1）。

图1　我国历代知名专家学者的实践治学思想成果

现代教育体系下的研学活动，我国的研究则开始较晚，伴随教育部会同11部门在2016年发布《关于推进中小学生研学旅行的意见》，关于研学的学术研究在我国进入快速发展阶段。

当前，国内学者对于研学旅行的研究主要集中在研学旅行的内涵、政策、理论基础及实施现状等领域，相对研学课程的设计与实践研究相对较少。《关于推进中小学生研学旅行的意见》中明确提出，"学校根据学段特点和地域特色，逐步建立小学阶段以乡土乡情为主、初中阶段以县情市情为主、高中阶段以省情国情为主的研学旅行活动课程体系"。深圳大学李臣之、纪海吉认为"当前研学旅行实施仍然面临着困境，主要表现在课程教学目标虚化、专业引领与指导不力及教学现场规划缺失三个方面"①。南宁师范大学彭小珊、毕燕等认为"国内外学者对研学旅行实践和理论研究较为丰富，但对研学旅行课程

---

① 李臣之、纪海吉：《研学旅行的实施困境与出路选择》，载《教育科学研究》2018年第9期。

化建设、研学旅行导师专业素养、研学旅行产品线路等方面研究较少"[①]。浙江师范大学张敏、马远军认为"作为重中之重的研学旅行课程却面临很多问题，其中，区域性课程缺失，课程同质化现象严重"[②]。由此可见，如何设计科学的研学校本课程是当前中小学研学活动开展亟待解决的问题。针对这些问题，笔者尝试通过"五育并举"的视角，对研学旅行校本课程设计展开探讨。

## 一、"五育并举"为核心的课程目标

2021年4月29日全国人大常委会通过的《中华人民共和国教育法》中，关于新时代党的教育方针指导下的教学目标有清晰表述：培养德智体美劳全面发展的社会主义建设者和接班人。该表述为研学旅行课程目标的设定指明了方向。

从"五育并举"的视角出发，挖掘研学的育人价值，将研学与培养学生"五育并举"的综合素质相结合，可以丰富研学课程的内涵，为相关课程设计指明了方向，使有关研究更加深入和广泛。同时，研学课程实践打破传统课堂教学的空间和学科局限，凸显课程性、教育性、实践性、体验性、学科综合性，为达成高中生"五育并举"培养目标提供了新的模式和思路。

## 二、富有地方特色的课程主题

### （一）明晰育人目标

众所周知，在高中教育阶段以智育为核心已是不争的事实。研学旅行课程的设计，应强调带领学生"读万卷书，行万里路"，使学生在研学旅行的体验性、创造性的实践活动中，开展跨学科知识融合，在真实情境中传承中华优秀传统文化，在研学过程中结合身边事、家事、国事、天下事的思考完成任务，

---

① 彭小珊、毕燕、兰瑛：《研学旅行产品开发策略研究——以南宁市为例》，载《广西师范学院学报（哲学社会科学版）》2019年第2期。
② 张敏、马远军：《区域研学旅行课程体系的建构》，载《教学与管理》2022年第12期。

实现实践活动与个体体验的融会贯通，从而使学生有更多的获得感和文化自信。

### （二）挖掘地域文化课程元素

研学课程强调学生在校外真实的自然社会环境中体验式学习，走出校园是该课程的重要特征，地域文化是课程的基本元素。受时间等多重因素的影响，现阶段的研学活动宜在学校所在的地市范围内展开。我国地域辽阔，各地均有各富特色的地域资源，如南宁市的热带水果资源、特色饮食文化资源、壮族民族文化资源等。学生在该文化中成长，其认知十分丰富，但同时也相对破碎，且多停留在感性层面。在此背景下，研学课程内容可以以这些地域文化为载体，结合高中课程目标，设置相应的研学主题和任务，使学生在学习和完成任务过程中加深对地域文化的认知和相关学科知识的理解，并以此达成德智体美劳的全面培养。

### （三）科学制订具体课程目标

根据不同校本教学阶段，结合不同层次的学生知识与技能的学习、能力提升要求、学生的兴趣等确定不同的研学目标。在细化的目标引领下，展开研学旅行课程设计、实践及课程实施评价，形成科学完整的课程流程（见图2）。

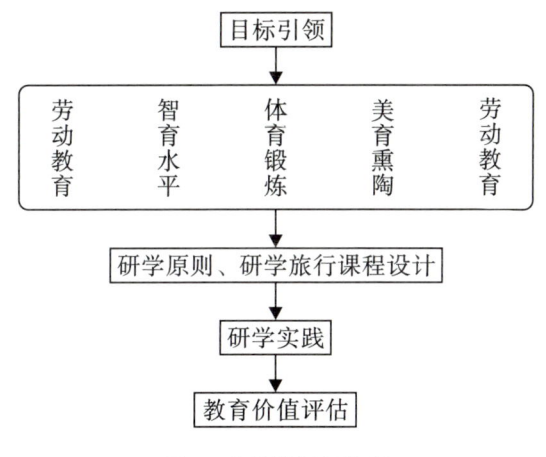

**图2 完整的课程流程**

### （四）多学科融合的研学内容主题

作为一门新型课程，中小学研学旅行不同于以往的分科实践教学，其学科综合的范畴非常宽广。①研学课程突出学生在真实情境中研究性学习,发现问题并尝试寻求解决问题的方法,单一学科很难应对复杂的现实问题,研学课程应当打破学科界限,突出学科融合,针对特定的研学资源特征,构建多学科综合的研学主题。

在确定研学主题过程中,教师可以通过查阅地方志、旅行指南等相关资料,整合社会资源,结合实地考察,根据地域特点来确定研学主题分类,如学科文化类、生活体验类、自然教育类、科技生产类等,再依据已有的资源进行具体的细分,如学科文化类可分红色历史文化、地理地域实践、学科技术学习等,从而构建相对完整的校本课程内容体系(见图3)。

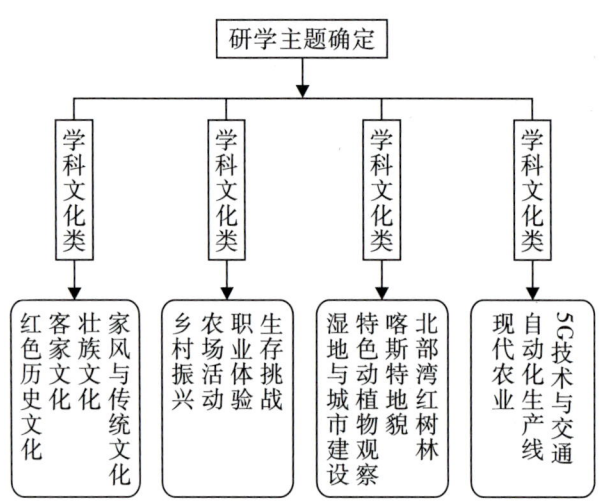

**图3 多学科融合的研学内容**

## 三、科学严谨的课程设计体系

### (一)以一线教师为课程设计主体

传统课程教育普遍遵循"国家制定标准—专家编写教材—教师组织教学"的模式,一线教师更多参与教学实施环节,而研学旅行课程通常依托地域乡土

---

① 段玉山、袁书琪、郭锋涛、周维国:《研学旅行课程标准(一):前言、课程性质与定位、课程基本理念、课程目标》,载《地理教学》2019年第5期。

资源开展教学活动，教学资源地域性强，无法编制全国性普通教材，且研学旅行课程在校外开展，教学环境复杂、教学过程开放性强，传统的教学模式已不适用于研学旅行课程，因此研学课程的开发应当以高中一线教学和学生诉求为出发点，以高中一线教师为主导研究团队，破解高中研学旅行存在的理论研究与课程落地实施存在偏差的现实问题，为研学旅行课程的有效实施提供抓手（见图4）。

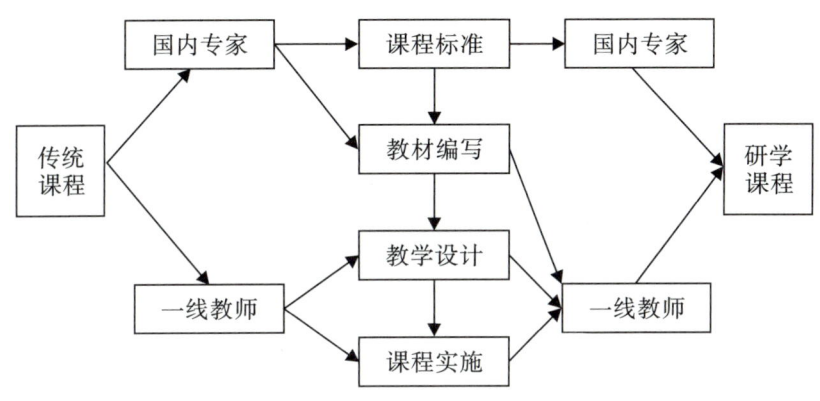

**图4 研学旅行课程的设计**

### （二）学校与研学基地课程共同开发

《关于推进中小学生研学旅行的意见》中明确提出各地要建设一批安全适宜的中小学生研学旅行基地，并促进基地课程和学校师生间有效对接。研学基地的建设：研学基地基于自身资源开设研学课程，让研学课程实施有了更多样的选择，但由于各学校存在学情和需求的差异，基地研学课程也很难完全满足学校的研学需求，同时基地研学课程开发过程中，如缺少了学校的协作，其课程难免存在瑕疵；同时，学校研学课程的开发也需要以地域资源为依托，研学基地建设过程中的地域资源挖掘开发减少了学校的课程设计投入。故在研学课程的设计方面，可以根据学校的现实需求，遴选合适的研学基地，共同开发适合本校的研学课程资源。在基地建设前期，学校和基地共同合作设计课程，通过学校的实践检验课程，并在此基础上共同改进课程，从而形成长效的课程共同开发机制。

## （三）三阶段六环节课程设计框架

课程设计应该围绕课前、课中和课后三个阶段展开，在不同的课程阶段又可分解为六个不同环节，课前主要对研学目标、研学内容、研学手册、研学培训展开设计，该阶段设计核心为研学目标和研学内容（见图5）。在前阶段的基础上，课中阶段围绕研学目标和内容开展具体研学任务的设计，研学任务应该让学生明确内容和实施措施，强调实践性、协作性和开放性，可操作性强，任务目标明确，且能有效评价。研学课后阶段设计主要围绕研学评价开展，评价角度多元、形式多样，过程和结果评价相融合，能相对完整地对学生研学团队和个人进行评价。

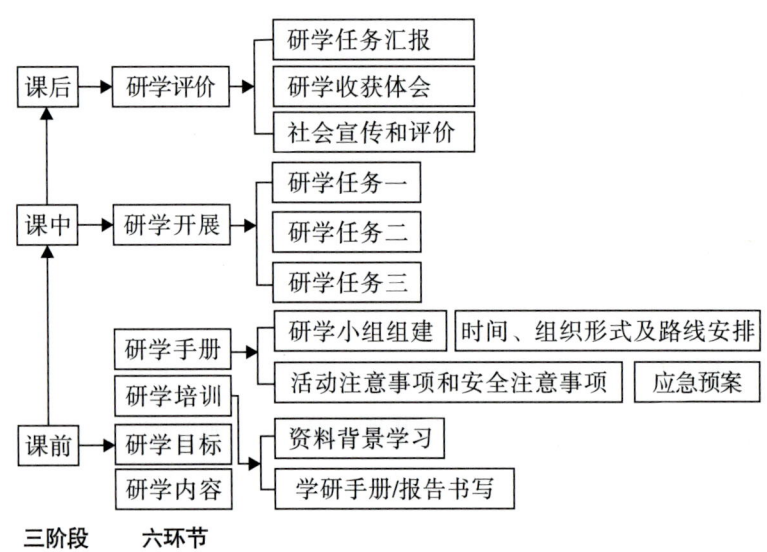

图5 三阶段六环节课程设计框架

## 四、结语

研学课程设计是研学活动开发的基石，研学活动的地域性和实践性特征要求学校积极地参与课程的设计，通过德智体美劳的教育目标的引领，以研学旅行课程为手段，进行课程设计并实践，最终实现教育育人的价值体现。

# 红色教育课程开发的实践研究

## ——以南宁三中国旗护卫队（班）进行爱国主义教育为例

刘培荣

中学体育一级教师，政教处副主任，国旗护卫队（班）指导教师。曾获全区学生运动会论文征集评选一等奖，南宁市体育教师论文竞赛二等奖，南宁市体育教师技能大赛一等奖，南宁市体育教学设计一等奖，多次获得南宁市体育优秀指导教师奖。

**摘　要**　在高中成立国旗护卫队（班），开设红色教育课程，是进行高中爱国主义思想教育、加强思想政治工作和提升学生素质的一种有效模式。在当前学校的德育活动中，在高中组建有国旗护卫队（班）的并不多，而且存在训练水平低、制度不健全、活动形式内容单一等问题，其对育人作用的发挥与自身的发展都存在局限性。本文结合南宁三中的"实践型德育"的育人模式，总结育人经验、成果和对未来发展的期待，以期促进队伍建设，不断完善丰富课程活动内容、形式与评价体系，使其在高中生爱国主义教育中发挥更大的作用。

**关键词**　红色教育课程　国旗护卫队（班）　爱国主义教育

2019年11月，中共中央、国务院印发的《新时代爱国主义教育实施纲要》中明确指出，要把青少年作为爱国主义教育的重中之重，将爱国主义精神贯穿于学校教育全过程。但由于中高考"指挥棒"的导向，很容易出现爱国主义教育在教学实践中没有引起足够重视的情况，甚至沦为走过场。一直以来，南宁三中以其独特的"实践型德育"的思想为指导，通过独有的校园文化，在学生思想品德形成过程中以实践活动让学生了解思想道德观点和行为规范，在过程中检验内化习惯，从而实现认知的升华。对国旗护卫队（班）进行爱国主义教育是红色教育课程的重要内容，而国旗护卫队（班）建设就是其重要抓手。通过红色教育课程，让固有知识走出课本，以点带面，让学生们在传统的课堂中接受红色文化学习，传承红色基因。

## 一、红色教育课程目标——以国旗护卫队（班）的建设树立爱国主义教育的使命与目标

国旗是中华人民共和国的象征，它代表着我们国家的主权和尊严，它寄托着我们对祖国的深情和敬意。[①]热爱祖国就应当热爱国旗，尊重祖国就应当尊重国旗。每一次升降国旗，不仅激发了学生的爱国主义教育精神，也增强了学生的国家观念，更培养和激发了学生的爱国主义热情。学校本着在红色教育课程实践的过程中完成德育教育的思考，创设了国旗护卫队（班）并组织相关活动。在这样的课堂实践过程中，让学生增强了国防观念、树立爱国主义教育的使命感与责任感，为学校爱国主义教育开拓了新的途径、搭建了新的平台。

### （一）弘扬中华正气，誓当国家栋梁

国旗护卫队（班）不仅是升降国旗、守护国旗的社团，更成了南宁三中优

---

① 谢孝东：《党建活动品牌建设的实践探索——以广东医科大学国旗仪仗队党支部建设为例》，载《区域治理》2019年第48期。

秀的学生代表集结地。国旗护卫队（班）学生承载着学校的荣誉，体现了学生优秀的意志品质。创建国旗护卫队（班）为的是培养学生的爱国情怀，增强学生的国防意识，丰富爱国主义教育内容，重点培育优秀意志品质精神、良好的行为习惯。

### （二）培养学生的爱国主义情怀

国旗护卫队（班）队员的培养方向是德智体美劳全面发展。教育方式主要是学习国旗的历史、升国旗仪式的演化过程与发展、认识到升国旗仪式与国家尊严的关系，了解国家时政大事，培养爱国精神，树立为中华民族伟大复兴而读书的理想目标。在红色教育课堂中，强化自身行为习惯，做到有组织、有纪律，能吃苦耐劳，有正确的价值观和人生观，发扬爱国主义精神。通过这些具体的行动和富有仪式感的升旗过程，将爱国的表现形式和情绪在全校学生当中传递出去，以优秀学生的实际行动为榜样，在学习生活当中形成一种浓郁的爱国主义氛围。

为了达到以上目标，学校的做法是将红色教育课程暨国旗护卫队（班）建设与学生的发展及表现相结合。第一，加强思想教育，以真实的情感投入活动的训练中，训练不仅是社团活动，更是一种将爱国主义情怀向全校师生展现的过程。第二，自己要成为榜样，要以优秀队伍为平台，树立优秀的意识，努力让自己成为一个品学兼优的学生。第三，加强训练，日常的传统训练要认真完成，以准军事化的要求来训练自己，锻炼自己吃苦耐劳的军人品质。第四，成为全校文明学生的标杆，积极参与全校大型活动和校园文化建设。第五，努力挖掘自己的团队文化，丰富活动的内容，扩大团队在学生心中的影响力，为后期队伍的可持续发展奠定基础。

## 二、红色教育课程模式——国旗护卫队（班）育人模式的实践是渗透爱国主义教育的重要形式

高中生的爱国不同于军人以保卫祖国、保卫人民的生命财产为己任；也不

同于社会的职业人,可以为社会贡献自己的才华与抱负。高中生爱国的重要形式是为将来能够为国家为社会作贡献而增加个人的知识储备、提高能力水平,培养优秀的意志品质和责任感、使命感等。在红色课堂中对国旗护卫队(班)进行爱国主义教育,能激起学生的爱国情怀,使学生有强烈的责任感和集体荣誉感,这样才能在接下来的学习生活中更加努力积极向上。所以,国旗护卫队(班)的构建是培养学生优秀意志品质的重要保障。

一是优秀队伍建设的保障。优秀队伍的建设必须与高质量的育人目标相适应,被选上的学生不仅要有优异的学习成绩,而且要德智体美劳全面发展。对国旗护卫队(班)成员的要求相比于其他学生要更高更严格,学生的身体素质也是评价内容之一。国旗护卫队(班)有专门的训练方法和训练内容,教师在这个过程中给予专门指导,使得学生在知识技能上得以提高,可以胜任任何特殊任务。同时,国旗护卫队(班)的学生学习的时间与要求应与其他同学一致,应主动适应学习与训练之间的关系,既要协调好日常的训练,也要保证自己的学习时间,把合理的时间调配作为优秀的指标之一。

二是锻炼优秀的意志品质。良好的组织纪律性和优良的作风是高中爱国主义教育的必备素质。队伍建设过程中,队员身体素质的培养是其履行任务和全面发展的基础。[1]在集体活动过程中,国旗护卫队(班)的队员常常要比其他同学付出更多的时间训练,这会牺牲休息时间;夏季还得克服炎热天气的考验,重视身体健康。因此,在集体活动中,培养了国旗护卫队(班)严格的群体意识,优良的作风和严明的纪律性。

三是锻炼心理素质。在升旗仪式过程中,氛围庄严肃穆,场面隆重,国旗护卫队(班)队员心理压力都较大。在升旗仪式中,需要以高标准完成各项重要任务,因此心理素质是极为重要的。通过提升心理素质的训练,可以让国旗护卫队(班)队员提高自信心,在关键时刻消除畏难情绪等负面心态,学会应

---

[1] 董明:《涉外大学生爱国主义教育模式初探》,载《辽宁教育研究》2008年第4期。

对自身的紧张情绪,以及自我调节心理状态,建立克服困难的自信心。

四是从严要求传承优秀文化的保障。南宁三中国旗护卫队(班)的训练方法和队伍培养方式以北京天安门国旗护卫队为蓝本,曾多次邀请南宁市政府国旗护卫队队员到学校指导学校国旗护卫队(班)的建队和训练经验,并在军训期间开展专门的集中训练,现如今已形成特有的训练方法与训练模式。一是以老带新的发展模式,一对一进行训练,提高训练效率,增强集体主义意识与团队合作意识,弘扬与传承优良的训练方法与精神。二是集中训练,每周日回校,定时定点训练,训练期间正式着装,确保精神和自觉性的养成。三是新老交接时均会举行隆重的交接仪式,在周一升旗仪式过程中,新队员在国旗下庄严宣誓入队誓词,承载老队员的光荣使命与荣誉,肩负起国旗护卫队(班)的使命与责任。

## 三、红色教育课程资源——国旗护卫队(班)的实践活动是对爱国主义教育的渗透

### (一)国旗护卫队(班)的实践活动增强了爱国主义教育的使命感

爱国主义包含政治思想、爱国情感、行为规范三个基本方面。其中,思想是灵魂,情感是基础,行为是体现。[1]只有做到拥有爱国的情感、正义的思想和行为一致的人,才是真正的爱国者。爱国主义不仅代表了人们对自己祖国的深厚情感,更体现为现实的义务和责任。学校定期举行庄严的升国旗仪式,开展国旗下的讲话活动,国旗下的讲话有国际、国内时事的内容,有校内、校外的热点问题等,以国旗护卫队(班)的加入传播爱国主义精神与提升活动的庄严仪式感,加强学生爱国使命感与责任感,避免了空洞的形式说教。

---

[1] 王栋梁:《新时代爱国主义的传承旗手——论高校国旗护卫队》,载《教师》2012年第7期。

### (二）激励爱国主义教育的责任感和使命感

南宁三中国旗护卫队（班）自2016年创建以来，凭借过硬的素质、扎实的基本功，出色地完成了校内外大型活动升降旗任务200余次。2016—2018年代表学校参加五一劳动节南宁市升旗仪式；2017年参加南宁市经典诵读展演；2017年参加南宁三中120周年华诞校庆活动；2018年参加建团95周年暨万个支部重温入团誓词宣誓活动；2018年代表学校参加南湖烈士陵园扫墓活动；2019年参加喜迎新中国七十华诞歌唱伟大祖国活动；2020年参加国旗护卫队（班）交接仪式活动；2021年参加红色书屋揭牌仪式；2022年参加高三成人礼体验井冈山精神活动。如今，这支队伍已成为校园一张亮丽的名片，成为对外展示校园文化建设和学生综合素质成果的品牌。通过国旗护卫队（班）的打造可以引导学生学习身边优秀同学的先进事迹，激发学生积极向上的使命感，增强他们发奋进取、立志成才、报效祖国的信心和决心。

### （三）促进了爱国主义教育活动的形成

爱国主义教育是时代的需要，爱国热情往往是学生顽强拼搏的动力。为更好加强队伍的建设、丰富加强理论的学习，组织国旗护卫队（班）的学生到附近的教育基地去参观。例如，到南湖公园烈士陵园扫墓，在缅怀革命先烈的过程中爱国情怀得到了升华；到百色起义纪念馆感受我国军民在我党的领导下，在极端困难的条件下，有计划地组织人民顽强拼搏，激励全体人民团结奋斗的精神力量。透过一幅幅珍贵的照片、一件件文物、一段段感人的故事，让学生体会老一辈无产阶级革命家不屈不挠、艰苦奋斗的革命精神和高尚的情操，从而激发学生的爱国热情，增强其社会责任感。

## 四、红色教育课程改进措施——关于学校国旗护卫队（班）规范发展的思考

### （一）注重传统继承与创新

在国旗护卫队（班）的队伍建设中，要时刻围绕立德树人的根本任务，发

扬与传承优良传统，使其不断提升与激发学生的精神动力，使实践活动对学生的身心造成深刻影响，提升学生善学习、肯吃苦、能战斗的精神。同时，促进与多校联动，在交流中吸取优良经验，拓展实践方式与范围，提高国旗护卫队（班）的多方影响力，把国旗护卫队（班）发展成为集社会实践、科技创新、志愿服务于一体的多项全能创新型团队。

### （二）加强理论知识与技能的学习

强化师资配备，注重实践活动与理论知识相结合，不断提高业务能力，以学识与品行感染与教育学生。学校应多促进教师外出学习、培训交流，进一步提升教师的相关专业能力。在评价考核方面给予支持，如将教学与训练和活动的时间纳入学时工作量考核。

### （三）完善队伍的建设及评价制度

结合红色教育课程的特点，制定符合红色教育课程的评价体系，建立实际的、适合红色教育的科学评价机制。例如，完善队员选拔、训练和活动制度，进一步完善队伍的建设引导，确保服装经费的支出；建立更完善的补充及淘汰机制，同时更明确优秀队员的评价标准，建立评优评奖环节。

总之，学校开设红色教育课程，对高中生进行爱国主义教育，就是要学生明确对国家、对人民、对家庭怀有深厚的情感与肩负的责任。学校以"实践型德育"为背景，通过开设红色教育课程是非常有必要的，以国旗护卫队（班）建设为抓手的爱国主义教育是非常有效果的，特别是在红色教育课程里，为国旗护卫队（班）的学生创设了护旗的工作岗位，让他们去体验其中的责任与义务，在文化的浸润中，潜移默化地完成爱国主义教育，并加深学生们的爱国情怀，更加明确为祖国伟大复兴而奋斗的使命感与责任感。

# 浅谈我校区研学之路

黄 灵

初中部青秀校区政教处副主任,曾被评为广西安全教育精彩一课一等奖优秀指导教师,在部队期间获三等功一次,多次被评为南宁市优秀共产党员、先进工作者。

**摘 要** 研学旅行是将研究性学习和旅行体验相结合的校外教育活动,是学校教育和校外教育相互衔接的创新教育形式,是教育教学的重要内容,是综合实践育人的有效途径。本文拟以南宁三中初中部青秀校区每年坚持开展的研学活动为对象,研究其中的科学规律,并总结相关经验。

**关键词** 研学旅行 学校教育 校外教育

初中部青秀校区是南宁三中教育集团的分校区之一，全称是南宁市第三中学初中部青秀校区。

学校位于铜鼓岭路12号，由南宁市政府于2016年投入资金5.55亿元建成。校园占地面积103610.64平方米，总建筑面积71250平方米。现有78个教学班，在校学生共4079名；教职工335人，其中专任教师272人。

建校6年来，初中部青秀校区全体师生艰苦奋斗，团结协作，着力打造校园文化特色品牌：一是秉承南宁三中"真·爱"教育的办学思想和"德育为先，文理并重，崇尚一流"的办学理念，谨遵"敦品力学"的校训，确立了"快乐有效课堂"的课堂教学方向，切实提高了教学质量；二是培育"科技创新"的特色校园文化，重点培养学生的创新精神和实践能力，并自主开发了一系列校本课程，将这一特色文化落实到活动载体之中；三是全校全程开展"师生共读共写共生活"活动，进一步凸显"书香校园"文化特色；四是坚持走"以学生为中心"的研究性学习、探究式科学教育的研学之路。

初中部青秀校区每年都开展的研学活动不仅得到了全体学生和广大家长的热情反馈，还得到了教师们和社区相关单位的高度评价，现已成为在社会上有一定口碑、许多人心之向往的教育教学招牌。追根溯源，初中部青秀校区每年都坚持开展研学活动，这既有其现实背景，又遵循了科学规律，现总结相关经验如下。

## 一、开展研学活动的目的及意义

### （一）研学的目的

根据学生的成长规律和特点，设计实施不同学段的研学课程，有利于培养学生科学思维方式和学习能力，培养学生形成良好的思想品德和健全的人格，从而实现素质教育的目标。

## （二）研学的意义

一是有利于促进学生培育和践行社会主义核心价值观，激发学生对党、对国家、对人民的热爱之情。二是能促进书本知识和社会实践的深度融合，培养创新人才，引导学生主动适应社会，推动全面实施素质教育。三是让学生从个体生活、社会生活及与大自然的接触中获得丰富的实践经验，形成并逐步提升对自我、社会和自然之间内在联系的整体认识，逐步培养价值体认、责任担当、问题解决、创意物化等方面的意识和能力。四是紧跟培养"学科素养"的时代要求，找到合适的渠道和有效的载体把学科素养落地并有机融合。

## 二、开展研学的理论依据

研学即研究性学习，又称探究式学习、探究式科学教育、以学生为中心的指导教学法等，是指在教师和学生共同组成的学习环境中，以学生为中心，让学生主动探究、主动学习的归纳式学习过程。研究性学习作为一种科学的教学理念、方法、模式和标准起源于美国。1980年，美国把"Hands-on Inquiry Based Learning（英文缩写为HIBL）"列为基础教育改革的重要原则之一，促进了美国科技创新的发展，被美国认为是找到了一条基础教育成功的道路。1995年，"探究式学习"被引进到法国，被称为"动手和面团"。1999年，中国启动第八次基础教育课程改革，2001年6月教育部印发《基础教育课程改革纲要（试行）》，2001年8月教育部、中国科学技术协会首次完整地将"探究式科学教育"从法国引进中国，简称"做中学"。"做中学"就是让学生在动脑、动手的过程中利用学到的知识发现问题并解决问题。探究式学习既是学习的目的，又是学习的理念方法和模式，是"素质教育"的根本出路。第八次基础教育课程改革历时10年，在全国20个城市的近2000所中小学和幼儿园开展实验、试点、示范，取得圆满成功。2011年12月，教育部颁布19学科的《义务教育课程标准》（简称新课标）。2012年1月，韦钰院士出版专著《十年"做中学"

是为了说明什么——以科学研究为基础的教育改革之路》。①

## 三、研学旅行是当前研学的主要形式

研学旅行是将研究性学习和旅行体验相结合的校外教育活动，是学校教育和校外教育相互衔接的创新教育形式，是教育教学的重要内容，是综合实践育人的有效途径。②

中小学生研学旅行是一种多学科融合的教学模式，是学生行走的课堂、校外课堂、大自然课堂。基本要素是研学基地的开发、研学课程的设计、研学导师的培训、研学旅行综合评测。研学导师培训和课程设计是保证研学旅行质量的两个最关键因素。教育部2017年9月25日颁布的《中小学综合实践活动课程指导纲要》（简称《纲要》）明确规定了综合实践活动的课程目标，研学旅行是综合实践活动的重要组成部分，《纲要》对综合实践活动课程目标的规定，也是研学旅行课程目标确定的依据。关于综合实践活动课程目标，《纲要》指出：学生能从个体生活、社会生活及与大自然的接触中获得丰富的实践经验，形成并逐步提升对自然、社会和自我之间内在联系的整体认识，具有价值体认、责任担当、问题解决、创意物化等方面的意识和能力。

2012年11月，教育部指定上海、杭州、合肥、西安4个城市作为全国研学旅行试点城市。③

## 四、开展研学活动的具体案例

初中部青秀校区采取两种方式开展研学活动，一种是由学校组织，以年级为单位联系研学点，分年级开展研学活动。年级统一出发，统一行动。例如，

---

① 韦钰：《十年"做中学"为了说明什么——以科学研究为基础的教学改革之路》，中国科学技术出版社2012年版。
② 《教育部基础教育一司负责人就〈教育部等11部门关于推进中小学生研学旅行的意见〉答记者问》，载中华人民共和国教育部政府门户网站。
③ 《中小学综合实践活动课程指导纲要》，载中华人民共和国教育部政府门户网站。

初中部青秀校区多次和南宁市青秀山风景区合作，开展研学活动。

案例一：

2020年青秀山<br>"科普点燃梦想，创新成就未来"科普研学实践活动

2020年11月13日，南宁三中初中部青秀校区2020级全体师生近1500人汇聚在南宁市青秀山风景区的兰园，举行"科普点燃梦想，创新成就未来"科普研学实践活动。

"科普点燃梦想，创新成就未来"——南宁市第三中学初中部青秀校区
2020年青秀山科普研学实践活动现场

学生们学习植物相关知识

学生们制作植物拓印画

学生们参加"大力士拔河比拼"

  参加本次活动的有青秀山风景园林局局长李德祥；南宁三中初中部青秀校区总务处主任谭立勇，政教处副主任黄灵，团委书记江东洋，2020级组长吴善堂、副组长王燕燕，2020级全体师生，家委志愿者以及青秀山风景区科普教师团队。

  学生亲手制作植物拓印画。学生主动亲近大自然，学习植物的相关知识，加强了和大自然的互动，最后还动手为平凡的布袋添上一抹绚丽的色彩。

  经过一个上午的小组团队活动，学生们不仅能亲自动手制作小物件，还学习到了很多植物学的相关知识,提高了有效沟通和团结协作的能力,增强了集体荣誉感。

在研学过程中,我们还穿插了激动人心的环节,如"趾压板跳大绳""大力士拔河比拼"等。激烈的比拼、热闹的场面、此起彼伏的加油鼓劲声激发了学生的热情,展现了学生的意志和力量,调动了现场的气氛,为研学活动留下了别开生面的回忆。

在本次活动中,学生们走出课堂,放松身心,开阔视野,以良好的精神面貌和极大的探索热情展示了青秀学子的风采。希望学生们志存高远,努力丰富自己的科学文化知识,培养科学实验精神、探索精神并付诸实践,成长为祖国需要的综合型人才。

### 案例二:

#### 2021年"探索大自然,研学青秀山"研学活动

为进一步落实"双减"政策要求,让学生走进自然、探索自然的奥秘,培养学生热爱大自然的情怀,锻炼其团结协作的能力,2021年11月19日,初中部青秀校区2021级学生在教师们的带领下,前往南宁市青秀山风景区开展了主题为"探索大自然,研学青秀山"的研学活动。

立足"亲近生活、注重实践,跨界融合、开放多元"的主题思想,本次研学项目更加多样,内容更加丰富多彩。

带领学生探索大自然

自然科普寻宝、科普手工闯关及户外竞技闯关共设置8个任务点，其中科普寻宝任务点4个、科普手工闯关任务点2个、户外竞技闯关任务点2个。每个班级分成4个小组，分别领取任务书，每个小组任务点数为4个，其中包括科普寻宝2个、科普手工1个、户外竞技闯关1个，按照顺序完成闯关任务进行印花收集，活动结束时按班级集印花总数及综合分数进行评比。

　　在学生拓印帆布袋时，我们有意识地将学生的作品与前一年师兄师姐们的作品进行比较，让学生在比较中鉴别，在鉴别中反思，在反思中取长补短、提升水平。

　　我们设计了知识竞答环节，在活动过程中，学生变身小小观察员，观察、识记青秀山中常见的植物花卉，在规定的时间内答出相应的植物知识类题目。此环节考验的是学生们的课外知识储备，增强他们对自然的学习兴趣和探索能力。

　　还有一部分学生完成的是共筑文昌塔的项目。这是一个需要一鼓作气、团

制作压花书签　　　　　　学生寻找植物、知识答题

结合作的项目，考验的是各班级的团队凝聚力和团队成员间的默契配合程度。这个环节增进了学生之间的感情，有的教师还参与其中，气氛非常热烈。游学博闻，盖谓"游学，所以能博闻也"。学生和家长们纷纷表示，这是一次难忘的研学之旅。愿少年们游有所乐，学有所得，不负好时光。"双减"下的少年，将会有更多时间和机会得到德育、体育、美育和劳育的培养，真正做到知行合一，"五育并举"。

共筑文昌塔

初中部青秀校区已开展研学活动的另一种形式，是以班级为单位，自主开展研学活动，研学地点由年级建议研学基地或班级自行选择，以下是具体案例。

案例三：

### 2021年横县茉莉花文化与研学实践活动

为了贯彻教育部关于《中小学德育工作指南》的要求，实现活动育人的目的，让学生能在研学旅行的过程中通过研中学、学中研、研中思、思中行，研学并举，知行合一，陶冶情操、增长见识、体验劳动成果和学习劳模精神，养成热爱劳动的习惯，增强社会责任感；根据教育局和学校有关要求安排，2021

2019级（21）班赴横州市开展茉莉花文化与研学实践活动

年11月19日，初中部青秀校区组织开展了研学实践活动，2019级（21）班40名学生在班主任张文红老师和涂群老师的带领下，赴横州市开展茉莉花文化与研学实践活动。

活动开展前，参与学生按人数分成5个小组，并开展组员间的合作与小组间的评比。各小组齐心协力，体现出良好的合作意识、团队精神。

学习中国茉莉花文化

学生们体验茉莉花加工制作过程

在研学实践活动中，学生首先了解到的是茶叶的半成品到成品的加工过程。他们不仅亲眼看到了茶叶半成品的模样，而且学习到加工的步骤和原理，以及注意事项，提升了他们对中国茶文化的兴趣。

看过半成品，就耐不住好奇要追根溯源，2019级（21）班学生踏进茶园基地，与郁郁葱葱的茉莉花茶亲密接触，轻嗅茶香，沉浸在自然的美好中，思想和心灵中的审美种子在悄悄发芽。

学生们与茉莉花亲密接触

光有手工操作流程是不够的,我们还要引导学生树立"利用现代科技将产品品牌做大做强"的意识,引导学生"自强不息、不甘落后"的进取意识。因此,我们还进入公司的现代化生产车间,参观学习流水生产的过程,学生也为家乡的产业而感到骄傲。

在茉莉花海中合影

学生在学习茉莉花的加工步骤

在西津水力发电厂研学

随后，学生们来到广西西津水力发电厂研学，学习了有关建设汇报、感受艰苦创业精神。

所到之处，学生们拍照留影，认真记录，准时归队，顺利完成各项研学内容。这次研学旅行活动，学生们看到了动手实践的劳动成果，了解了西津水电站建设的感人事迹，增强了对劳动的认知，激发了对劳动人民的敬畏之情，培养了吃苦耐劳的精神。

学生们第一近距离了解到广西西津水力发电厂的结构、发电原理、发电效益等相关知识，体会到科技带给我们的便利，叹服于科技的伟大力量。在参观学习的过程中，他们努力学好科学文化知识，为建设祖国和社会作贡献的志向已潜移默化地立下。

研学实践活动取得了预期效果，得到了以下几个方面的收获：

一是学生们积极主动、热情参与，表现出很强的团队合作精神。

二是学生们认真学习，收获良多。

三是学生们了解了地域文化，感受到乡土气息。特别是横州市茉莉花研学之旅，开启了研学的一扇窗，在"研中学、学中研、学中玩"，知行合一，不做书呆子。让学生们了解了茉莉花茶叶的历史发展过程，在技术人员的讲解和指导下学会了茉莉花窨制的方法，用自己窨制的花茶做了一杯自己喜欢的茉莉茶香奶茶。当家长收到学生们亲手做的茉莉花香包和茉莉花手链时，收获的是孩子的爱心和孝心，我们的研学意义又深了一层。

### 五、关于研学活动的经验总结

我们始终认为，研学旅行需要严密组织，政教处和年级组制订活动方案和安全预案。活动前，我们首先与相关负责人对接；其次与家长签订安全责任书，明确开展该项活动的目的和意义；最后加强学生的安全教育，教育学生一切行动听指挥，不准随意离开队伍单独活动。

研学旅行不是简单的"学习+旅游"，而是把一个主题在研学旅行的过程中由始至终地贯彻好、体现出来，通过多种多样的游玩、娱乐的形式，达到提高学生的认识、增强社会责任感和意志个性心理等方面的目标。因此，研学的形式应当多样化，力求生动、活泼、轻松、愉快，尽力避免说教。

## 六、目前研学活动尚在摸索的问题

一是重游轻研，功效没有完全充分发挥。当前，我校区资源有限，需要利用好研学基地的教育资源来推动学生互助、合作能力的培养。然而，在具体的操作中，却多考虑到学校的社会效应和功利，学生的"自主游学"体现得不够。

二是重过程轻评价，教育引导没有落实到位。组织者对学生研学的过程评价重视不够，过于强调研学活动时的纪律、安全、卫生，对学生的自主探究、互助合作和动手能力的培养方式开发得不够，很多时候会影响学生的情感、态度、价值观等方面的评价。

三是重形式轻目标，学生主体能力展现不够。研学的目标就是让学生在研学实践中充分展现自我。可是，在实际活动中教师不敢大胆地放手，还是将学生禁锢在一定的范围内，学生自主决定的权利被限制，主体地位没有得到充分的体现。

四是研学可选性单一，开发研学活动的基地少，活动内容不够丰富，安排研学的时间不足。

## 七、关于进一步开展研学活动的几点建议

一是将研学活动写入每年教育工作要点，纳入学校年终考核的依据。将研学活动写入教育局每年的工作要点，促使学校积极参与。

二是扩大宣传，不仅利用媒体向外界宣传研学活动，还要面向市内学生、家长宣传研学活动，调动学校、家长的积极性，大力支持开展研学活动工作，可以通过问卷调查、公众平台等提高社会对研学活动的知晓率。

三是嫁接课堂建构研学课程。研学活动就是学校开展的一项提升学生综合素质的实践教育活动，应作为学校最为重要的第二课堂，完善研学活动工作机制，有针对性地策划活动，以研学活动为载体，结合学生的实际、课程的需要，辐射到语文、数学、英语、历史、科学、理化生、体艺等学科，将研学与课程改革衔接起来，开发利用地域资源、生存资源、文化内涵资源，学校开设研学课程，从形式、内容、管理模式及评价方式建立完整的体系，促使研学旅行活动与课程建构进行有机结合，研学旅行活动才能内化于心、外化于行，长远有效地发展下去。

# 立德树人背景下对研学实践路径的探索与研究
## ——以南宁三中初中部五象校区研学旅行为例

**丁 莉**

初中部五象校区政教处主任，中学政治高级教师，南宁市学科带头人、南宁市优秀教师、南宁市优秀班主任、南宁市优秀共产党员，校外研究生导师。

**摘 要** 研学是中学综合实践活动中的一种教育模式，具备较强的德育功能，是培养学生核心素养的新形式，也是开展校外实践育人的核心途径。南宁三中初中部五象校区聚焦立德树人的根本任务，以六大核心素养为总体培养目标，努力构建德智体美劳全面培养的教育体系，培养德智体美劳全面发展的社会主义建设者和接班人，推动研学课程活动顺利开展，让学生在研学活动中探索、学习，激发学生积极的生活情感、学习情感，提升学生的核心素养。

**关键词** "五育并举" 研学课程 立德树人

## 一、聚焦立德树人根本任务，推进中学研学旅行实践的背景

2018年9月，习近平总书记在全国教育大会上强调"培养德智体美劳全面发展的社会主义建设者和接班人"，提出了"德智体美劳"等总体要求，以及我国的教育始终追寻和坚持马克思主义关于"人的全面发展"的理论和思想。

研学旅行作为综合实践育人的有效途径，它超越所有学科边界，在书本学习的基础上，从学生出发，将认识从书本走向生活，从黑板走向实践，实现价值体认、情感熏陶、知识深化、实践常态化的教育目的，努力培养德智体美劳全面发展的社会主义建设者和接班人。南宁三中在长期的德育实践中，始终聚焦立德树人的根本任务，形成了"真·爱"教育的办学思想，以及以"真诚、关爱"为内涵的教师文化、以"求真、仁爱"为导向的学生文化、以"兼容并包、自强不息"为导向的校园文化，鼓励学生求真，引领学生学会爱，把爱和善良作为成长之本，培养学生终身发展的人格品质，建立了以"实践型德育"为特色的多元立体德育体系，以"实践—体验—引导—升华"的德育模式，形成了独具特色的养成教育常规化、主题教育系列化、节日专题教育制度化、教育形式多样化。

南宁三中初中部五象校区作为新校区，存在教师团队年龄结构不合理、年轻教师占比较高、学生生源结构复杂等问题。学生生源结构复杂体现在：一是校区处在城乡接合部，存在学生行为素养难改善、学生知识素养难提升、学校教学改革难推进等教育困境。二是部分学生来自周边市县，虽在学校周边买房子上学，但家长还在周边市县工作生活，学生长期处于无人照看的状态，严重缺乏家庭教育。三是家长文化水平参差不齐，导致出现部分家长对学生的教育不够重视，对学生不会管教，对学校的活动不予积极配合等问题。基于以上存

在的问题，南宁三中初中部五象校区始终坚持以实践型德育模式为教育导向，通过不断扩展德育课程和校本课程丰富学生的知识体系，主动挖掘研学旅行课程中丰富多样的隐性德育资源，促进研学旅行与校本课程、德育体验、实践锻炼有机融合，规范学生的行为习惯，增强学生的社会责任感、创新能力和实践能力。

## 二、聚焦立德树人根本任务，推进中学研学旅行实践的必要性

《教育部等11部门关于推进中小学生研学旅行的意见》指出："中小学生研学旅行是由教育部门和学校有计划地组织安排，通过集体旅行、集中食宿方式开展的研究性学习和旅行体验相结合的校外教育活动。"研学旅行实践有利于学生培育和践行社会主义核心价值观，激发学生对党、对国家、对人民的热爱之情；有利于推动全面实施素质教育，引导学生主动适应社会，促进书本知识和生活经验的深度融合；有利于从小培养学生的文明行为习惯。

### （一）培养中学生知行合一的道德品质

著名教育家陶行知曾经提出"生活即教育""社会即学校"的生活教育理论。研学实践正是以真实丰富的生活情境为源泉，通过"听、看、经历、实践、学习"的方式，实现在"做中学、用中学"，运用已习得的知识去理解大自然、理解社会，实现理论知识和实践的深度融合，有利于学生养成文明谦让、恪守诚信、保护环境等优良品德，树立正确的人生观、价值观和世界观。

### （二）激发中学生的爱国主义情怀

研学活动类型较为多元化，内容也很丰富，带给中学生强烈的学习体验感，学生可以在校外生活中学习知识、欣赏自然、体验历史文化、考察社会活动。在这个过程里，中学生不仅加深了对中华优秀传统文化的了解，还能感悟革命英烈的奉献精神，感受祖国的巨大变化和取得的显著成就，增强对祖国的自豪感、认同感，激发爱国主义情怀。

### （三）增强中学生的集体意识

在传统的教育活动中，教师主导课堂教育活动，学生大都是被动接受学科知识，学生之间缺少互动、交流。在研学活动中，学习是无边界的，学生之间可以相互帮助、沟通，通过分小组活动、集体活动，让学生互帮互助完成研学旅行活动中部署的任务，增进师生、生生情感，增强学生的集体归属感，培养学生良好的团队合作精神，使他们具备集体荣誉感，以此实现促进中学生德智体美劳协调发展的目标。

### （四）树立中学生坚定的理想信念

中学生正处于培养情感价值观、人生价值观的重要阶段，通过开展研学活动培养其坚定的信念，可增强其社会责任感，使其拥有热爱祖国、热爱大自然的情感。只有让中学生走出校门、面向社会，掌握当前的社会发展趋势，才能让他们树立远大的理想抱负，并使其拥有坚定的信念，更专注地投入学习活动中。

### （五）发展中学生六大核心素养

学生是研学活动的主体对象，一切活动围绕学生需求开展，使他们拥有更多实践的机会和空间，更好地培养学生的人文底蕴、科学精神，引导其深入探究知识形成的过程，锻炼其自主学习的意识，让其感知到探究知识、分析事物的快乐，从而激发学生的创新、创造、思考意识，促进学生全面成长。

### （六）培养中学生社会化能力

青少年的成长过程是一个社会化的过程，它有体验性、群体性两个显著的特点，而且两者缺一不可。首先，青少年是在体验中成长的，他们需要亲身参与亲近社会与自然的实践活动，父母和教师无法代替学生的成长，也无法代替学生体验。其次，青少年完成社会化离不开群体性的交往，无论再好的父母和教师都无法代替青少年伙伴的作用。良好的研学旅行实践活动恰恰可以培养中学生的社会化能力。

## 三、聚焦立德树人根本任务，运用研学活动落实立德树人任务的路径

### （一）坚定中学生立场，尊重学生发展的规律

观念是行动的先导，要解决研学旅行过程中学生立场异化的问题，就要先换位思考，有学生意识。学生立场就要求我们要理解学生，承认学生既是社会人，也是自然人，尊重学生发展的自然性。因此，研学旅行从设计到实施，都要遵从学生身心发展的规律，以及青春期的成长特点，鼓励个性化发展。

### （二）注重设计研学活动主题

要想在研学活动中展示立德树人的教育理念，就要在开展研学活动前设定相应的立德树人研学活动主题，并将其作为开展研学活动的指向，强化研学活动的教育线索，并以此设定研学活动的教育内容。如南宁三中初中部五象校区通过师生调查，从中了解学生的思维梯度、认知水平，并以此设定研学旅行活动的主题，在研学活动中构建爱国主义教育、理想信念教育、环境保护教育、职业体验教育等主题体系，让学生有目的地开发并体验人文、科技、地理、历史、自然等主题课程，以强化研学活动的针对性、目的性。同时，在开展研学活动过程中注重增进学生的技艺、增长学生的知识，让学生在离开校园生活、家庭生活时，能够从中拓展自我知识体系、积累生活经验。主要注重强调让学生亲自体验、亲自动手，让他们真正参与研学旅行活动中，从中获得更多经验，从而提高研学旅行活动的有效性。

### （三）构建特色研学活动实践课程

聚焦立德树人根本任务模式下的中学研学旅行，需要构建特色研学实践课程，以此展现研学活动的德育功能。南宁三中初中部五象校区基于"寓教于研"的教育目的，在构建特色化的研学活动实践过程中，加强校企合作，最大限度地保证研学活动的合理化、可行性。目前，南宁三中初中部五象校区共构建人文类、自然类、艺术类、体验类四大类研学实践课程，包含广西规划馆、

南宁市博物馆、南宁市青秀山风景区等9个研学基地，共组织4000多名学生开展研学活动。相关研学基地如，以"领略人文魅力，传承文化雅韵"为主题的广西规划馆研学基地、南宁市博物馆研学基地、南宁市孔庙研学基地；以"参与职业体验，促进励志成长"为主题的南宁火车站研学基地、南宁市邮政局研学基地；以"走进自然课堂，探索自然奥秘"为主题的南宁市青秀山风景区研学基地、广西壮族自治区地图院研学基地；以"探寻艺术印记，体验行走课堂"为主题的广西艺术中心研学基地。

## 四、聚焦立德树人根本任务研学旅行实践的成效

### （一）增强学生之间的互动

研学旅行德育实践活动增强学生之间相互帮助、沟通的能力，通过分小组活动、集体活动，让学生互帮互助完成研学旅行活动任务，增进师生、生生情感，增强集体归属感，培养良好的团队合作精神，促进中学生德智体美劳全面发展。

### （二）提高学生核心素养

研学旅行德育实践活动提高学生核心素养，规范其行为习惯，促进校园稳定发展。通过研学活动，学生得以亲身接触体验社会，以此更好地规范学生的行为习惯，让他们体验到在学校学习的魅力。

### （三）促进学校全面发展

南宁三中初中部五象校区以研学旅行德育实践活动促进学校全面发展，建校5年来，推动教育教学的高质量发展，获得了喜人的成绩，先后荣获"2020年南宁市教育局直属公办学校（校区）初中毕业班工作优秀学校""2021年南宁市教育局直属公办学校（校区）毕业班工作卓越学校""2021年南宁市教育局直属公办学校（校区）毕业班工作优秀学区"等称号。

### （四）来自各方的支持

南宁三中初中部五象校区研学活动的开展离不开全体教师、学生和家长的

支持。笔者为此专门采访了部分教师、学生和家长代表，大家的感想如下。

1. 学生感想

今天我们年级去参观了南宁市博物馆。"大地飞歌"南宁民歌艺术展馆。博物馆用展演一体的方式展示了非物质文化遗产和南宁国际民歌艺术节的魅力，在单纯的视觉体验空间中增强了听觉的体验，完整传达了民歌的文化信息与内涵。

——初2017级（6）班奚新梅

2. 家长感想

昨天我能有机会和孩子们一起踏着春天充满活力的步伐，伴着一路的欢声笑语去南宁东站开展研学活动，倍感荣幸！课外研学活动对于孩子来说，好处真的是很多，既可以丰富知识，扩宽视野，又可以给孩子们缓解学习压力，还可以让他们更直接地接触社会、了解社会。在活动过程中，孩子们学会了尊重、感恩、自立、尝试与反思，非常有利于孩子们健康快乐地成长！看着孩子们活泼可爱的样子、甜美的笑容，我的心情不是一般的好。希望学校能多组织类似的研学活动，让孩子多享受开心的学习！感谢一起参加活动的老师们，感谢五象三中！

——2020级（3）班朗瑶珂爸爸

3. 教师感想

南宁三中初中部五象校区高大上的研学之路，结合多元素设计，"口述历史走进南宁市博物馆"，"南宁三中校歌在广西文化艺术中心唱响"，国旗护卫队（班）、合唱团的孩子们登上艺术殿堂进行展示，民乐社的老师上台献礼。孩子成长，老师受教，教育的真谛也许就是不断地开拓视野，不断吸取中华之文化自信并不断修正自己而达到一种潜移默化的效果吧！

——朱云峰老师

## 五、结语

综上所述，在中学研学旅行实践活动中，教师要聚焦立德树人的根本任务，把研学活动与德育活动融合在一起，让中学生能够在研学旅行活动中增长知识、拓宽生活视野，增加更多生活技能、生活经验，培养良好的道德品质、坚定信念、爱国主义精神、集体主义精神，让学生拥有强烈的活动探究欲望，通过自己的努力获取知识、提升能力，这样才能够促进中学生全面成长，提升综合素质，全方位提升学生的核心素养。

● 参考文献

[1] 李东和，王丹丹，朱玲玲.学生群体对研学旅行的认知、满意度及行为意向关系研究：以合肥市部分中学为例[J].皖西学院学报，2016（5）.

[2] 徐军.基于乡土地理的研学旅行课程开发初探：以苏州"灵天线"研学旅行课程开发为例[J].中学地理教学参考，2019（22）.

[3] 韦亭，董婕.2018年地理教学研究热点：研学旅行：以《中学地理教学参考》收录文献为例[J].中学地理教学参考，2019（22）.

[4] 卢立涛，王泓瑶，高峰.治理视域下的研学旅行课程化建设：模式、问题及反思[J].中小学管理，2019（7）.

# 第二章
# 国际课程

# 南宁三中中美高中合作课程实验项目办学成果总结

黎正旺

高中部青山校区政教处副主任，中学物理高级教师，从事22年物理教学，担任18年的班主任工作及教研组组长、备课组组长，多次获得优秀教师和优秀班主任荣誉称号。

**摘 要** 2014年，经自治区教育厅批准，凤凰新联合（北京）教育科技有限公司（简称凤凰教育）与南宁三中、美国缅因州普雷斯克岛高中合作开展"中美凤凰国际项目"，开办国际高中课程实验班。凤凰教育落地南宁三中以来，得到了各级党委、政府以及南宁三中校方的大力支持与关怀，南宁三中中美凤凰国际班也以累累硕果交出了各方满意的答卷，为广西教育、凤凰教育争得了荣誉。本文从办学发展、办学特色、办学成果等方面总结相关的办学经验，拟为广大教育工作者提供一定的借鉴。

**关键词** 中美高中合作课程　高中课程　国际合作

凤凰教育是凤凰卫视集团有限公司旗下专注于传媒教育和国际教育的子公司，其业务主要由高等教育、国际幼儿园、K12教育、国际高中、职业技能培训等项目组成。凤凰教育最早于2014年进入南宁，办学规模逐渐扩大，取得了丰硕的教育成果。现将办学和教学情况总结如下。

## 一、中美凤凰国际班在南宁三中的发展历程

2014年，经自治区教育厅批准，凤凰教育与南宁三中、美国缅因州普雷斯克岛高中合作开展"中美凤凰国际项目"，开办中美凤凰国际高中课程实验班（简称中美凤凰国际班）。该项目引进了美国知名的公立高中共同办学，课程包括中国高中核心课程、美国高中精华课程、美国大学一年级学分课程、出国留学标准化考试课程、凤凰传媒与艺术课程等。项目师资力量强大，师生比达1∶4，至今已培养6届150多名毕业生。毕业生100%被国内外名校录取，录取学校遍布美国、英国、加拿大、澳大利亚、新加坡等国家和地区，录取率之高及录取专业之广在广西首屈一指。凤凰教育落地南宁以来，得到了各级党委、政府以及南宁三中校方的大力支持与关怀，南宁三中的中美凤凰国际班也以累累硕果交出了一份令各方满意的答卷，为广西教育、凤凰教育争得了荣誉，没有辜负自治区党委和人民政府的厚望。同时，中美凤凰国际项目也以突出的教学成果，取得了良好的社会效益，成为广大学子和家长热切期盼参与的教育项目。

## 二、南宁三中中美凤凰国际班的办学特色

### （一）教学与交流

中美凤凰国际班引进了美国知名公立高中的课程，并且对课程设置进行了优化，包括中国高中核心课程、美国高中精华课程、美国大学一年级学分课程、出国留学标准化考试课程等。毕业时，学生们均可取得中国、美国两份高

中毕业证书。

中美凤凰国际班组织了多种形式的社会实践活动、支教活动，积极开展边远山区支教、敬老院助老、社会福利院帮扶等活动。学生们在校级篮球赛、羽毛球赛、校园映瞳电影节、校园辩论赛、南宁市音乐节等活动中屡次斩获殊荣。2018年4月在美国举行的"VEX机器人世界锦标赛"中，中美凤凰国际班的学生勇夺高中组金奖，用实力扬威国际。

中美凤凰国际班的开办加强了南宁三中的国际交流与合作。这些年来，南宁三中曾多次开展国际班与校本部间的互访、教学研讨、师资培训、美国大学公开课等活动。这不仅为国际班学生，更为南宁三中全校师生提供了面向世界交流的学习平台。

### （二）教师队伍建设

中美凤凰国际班在建设和开拓过程中培养了一支认真负责、踏实稳定的合格师资队伍。目前，中美凤凰国际班整个团队有全职人员20名，包括外籍教师3人、中国教师10人、中美凤凰国际班教学教务教师7人，均具有合格的教师资质。中国教师绝大多数为留学归国人员，为学生们提供双语教学。外籍教师在中美凤凰国际班就职已经超过3年，中国教师任职平均超过4年。这为教育和教学提供了稳定的基础。

### （三）社会认可度

在过去几年的时间里，中美凤凰国际班把中考成绩为B+程度的学子送往世界各地的名校进行学习和深造。经过3年系统的学习和培养，学生们的整体素质得到了很大的提升，处理问题以及沟通的能力都得到了长足的发展。综合素质的提升更是让他们有了搏击长空的勇气和力量。家长们对孩子的成长以及在中美凤凰国际班中发生的惊人变化都表示非常欣慰。低进高出、高进优出，培养既有坚实家国情怀又有国际视野的人才一直是中美凤凰国际班奋斗的目标。

### 三、南宁三中中美凤凰国际班的办学成果

南宁三中中美凤凰国际班共有6届合计150多名毕业生，选择海外升学的学生人数为145人，其中78人被世界排名前50，美国排名前50，英国排名前10，澳大利亚、加拿大、中国香港排名前5的大学录取，录取比例为52%，这样的成绩在八桂大地也是首屈一指的！

中美凤凰国际班与英国、美国多所大学合作"高中本科直通车"项目，确保每一名学生都可以顺利升学。中美凤凰国际班学生被录取的专业涵盖了人工智能、工程、理科、商学、人文科学、心理学等。名校录取率高，录取专业广，推动了普通高中多样化发展的需求。

凤凰卫视集团有限公司旗下的凤凰教育在英国、美国开办了2所数字创意学院（本科、硕士），在中国开办了7所凤凰学院（本科），并设有56个遍布全球的记者站，为国内外求学的学子提供安全与升学保障。

### 四、南宁三中中美凤凰国际班的课程设置

#### （一）课程特色

优质的国际课程，既能够传承文化传统，又能够讲授科学知识，同时积极挖掘学生自身的能力。我们将中美文化精髓有机结合。既采取美式以学生为中心的教学模式，通过演讲、小组讨论、实践、解决困难问题并激发大量的头脑风暴来逐步促使学生养成批判性思维和创造性思维的习惯，又遵循中国的教育传统模式，夯实基础、尊师重道、纪律严格。

中美凤凰国际班充分考虑中国学生的特点，采用"双语沉浸式"教学，在夯实英语基础知识和基本技能的前提下，遵循客观的教学规律，由中英文双语教学逐步过渡到全英语教学，以便学生们将来能够适应国外的大学学习和生活，顺利完成学业并实现自己的梦想。

同时，中美凤凰国际班既通过加深中国文化、语言、历史的传播来加深学

生对中国身份的认同感和自豪感，又细致全面地介绍美国社会的文化传统与社交礼仪，便于学生未来融入世界大舞台，成长为具有国际视野、通晓国际规则、能够参与国际事务和竞争的国际化人才。

（二）课程设置

表1　中美凤凰国际班的课程设置

| 年级 | 课程 |
| --- | --- |
| 高一 | 国内高中课程、托福预备课程、外教英语课程、升学辅导课程 |
| 高二 | 托福强化课程、SAT预备课程、外教英语课程、国内高中课程、美国高中选修课程、升学辅导课程 |
| 高三 | AP课程，外教英语课程，申请美国大学的咨询服务，美国专家针对升学、奖学金申请的个性化辅导，美国大学适应课程（美国社会文化背景、美国大学校园生活和学习常识介绍等） |

为了追求课程体系的精益求精，中美凤凰国际班邀请了业内知名专家学者，成立了专家指导委员会。在各位专家的指导下，我们经过大量的实地调研，为学生设置了最符合中国学生实际情况的初中、高中过渡课程，从中英文双语教学逐步过渡到全英文授课，实现中美课程的完美融合和无缝衔接。

中美凤凰国际班将根据学生的实际水平，实现小班教学和分层教学相结合，针对不同的学生水平使用不同的教学方法和教材（见表1）。只有这样的课程设置，才是先进的、科学的、专业的、有效的，才可以经受住实践的检验。在此基础上，历届中美凤凰国际班也确实取得了亮眼的成绩（见表2）。

表2　中美凤凰国际班部分毕业生入读大学情况统计情况

| 学生名字 | 国家 | 入读大学 |
| --- | --- | --- |
| 王施为 | 美国 | 纽约大学 |
| 耿骁菁 | 美国 | 加利福尼亚大学戴维斯分校 |
| 张圣杰 | 美国 | 波士顿大学 |
| 梁远见 | 美国 | 加利福尼亚大学洛杉矶分校 |
| 丁乐之 | 美国 | 俄亥俄州立大学 |
| 刘泽阳 | 美国 | 普渡大学 |

续表

| 学生名字 | 国家 | 入读大学 |
|---|---|---|
| 卢思贝 | 美国 | 明尼苏达大学 |
| 覃梓萌 | 美国 | 加利福尼亚大学圣芭芭拉分校 |
| 施 朵 | 美国 | 萨凡纳艺术学院 |
| 杨紫茵 | 美国 | 密歇根州立大学 |
| 王铮颖 | 美国 | 佐治亚理工学院 |
| 谢建成 | 美国 | 美利坚大学 |
| 叶泽宁 | 美国 | 缅因州立大学 |
| 雷秉耀 | 美国 | 美利坚大学 |
| 汤河川 | 美国 | 萨凡纳艺术与设计学院 |
| 秦川钺 | 美国 | 密歇根州立大学 |
| 黄 琪 | 美国 | 印第安纳伯明顿大学 |
| 韦俊羽 | 美国 | 纽约州立大学布法罗分校 |
| 傅日鑫 | 美国 | 印第安纳大学伯明顿分校 |
| 宁祖峰 | 美国 | 缅因州立大学 |
| 林慧玲 | 美国 | 科罗拉多大学 |
| 张巧仪 | 美国 | 堪萨斯大学 |
| 钟谨遥 | 美国 | 普渡大学 |
| 刘嘉程 | 美国 | 罗切斯特理工学院 |
| 黎庚哲 | 美国 | 印第安纳伯明顿大学 |
| 陈伟烽 | 美国 | 纽约州立大学布法罗分校 |
| 李元希 | 美国 | 麻萨诸塞大学 |
| 彭纪谦 | 美国 | 爱荷华州立大学 |
| 黄 宇 | 美国 | 纽约州立大学石溪分校 |
| 林小路 | 美国 | 中央俄克拉荷马大学 |
| 钟秦玮 | 美国 | 科罗拉多州立大学 |
| 韦 元 | 美国 | 密歇根州立大学 |
| 黄意洋 | 美国 | 宾夕法尼亚州立大学 |
| 莫子旭 | 美国 | 密歇根州立大学 |
| 黄一航 | 美国 | 印第安纳伯明顿大学 |
| 汪雨杭 | 美国 | 缅因州立大学 |

续表

| 学生名字 | 国家 | 入读大学 |
| --- | --- | --- |
| 陈禹洋 | 美国 | 纽约州立大学石溪分校 |
| 姜 锴 | 美国 | 纽约州立大学石溪分校 |
| 麦锦辉 | 美国 | 缅因州立大学 |
| 黄茗茹 | 美国 | 纽约州立大学石溪分校 |
| 覃献霆 | 美国 | 纽约州立大学石溪分校 |
| 杨羽乔 | 美国 | 纽约州立大学石溪分校 |
| 冯清源 | 美国 | 纽约州立大学石溪分校 |
| 杨东龙 | 美国 | 纽约州立大学石溪分校 |
| 张乐源 | 美国 | 纽约州立大学石溪分校 |
| 马慧楠 | 美国 | 纽约州立大学石溪分校 |
| 潘赞宇 | 美国 | 亚利桑那大学 |
| 王嘉锐 | 美国 | 缅因州立大学 |
| 李云龙 | 美国 | 缅因州立大学 |
| 伍昱兆 | 美国 | 缅因州立大学 |
| 蔡煦滢 | 美国 | 迈阿密大学 |
| 姚炳宇 | 美国 | 缅因州立大学 |
| 韦紫珊 | 美国 | 宾夕法尼亚州立大学 |
| 甘天宇 | 美国 | 纽约州立大学布法罗分校 |
| 高俊杰 | 美国 | 纽约州立大学布法罗分校 |
| 陆军宇 | 美国 | 纽约州立大学布法罗分校 |
| 姚俊百 | 美国 | 纽约州立大学石溪分校 |
| 欧阳霖 | 美国 | 迈阿密大学 |
| 覃雅琪 | 美国 | 迈阿密大学 |
| 莫泰奕 | 美国 | 犹他大学 |
| 黄泽海 | 美国 | 犹他大学 |
| 黄 鹏 | 美国 | 犹他大学 |
| 滕文隽 | 美国 | 缅因州立大学 |
| 黄耀梁 | 美国 | 缅因州立大学 |
| 黄婕华 | 澳大利亚 | 悉尼大学 |
| 易善泽 | 澳大利亚 | 悉尼大学 |

续表

| 学生名字 | 国家 | 入读大学 |
|---|---|---|
| 覃仟泓 | 澳大利亚 | 悉尼大学 |
| 陆可翊 | 澳大利亚 | 悉尼大学 |
| 周晓娜 | 澳大利亚 | 悉尼大学 |
| 吴承睿 | 澳大利亚 | 莫纳什大学 |
| 李 伟 | 澳大利亚 | 莫纳什大学 |
| 范兆骐 | 澳大利亚 | 格里菲斯大学 |
| 李冠龙 | 澳大利亚 | 莫纳什大学 |
| 曹馨予 | 澳大利亚 | 莫纳什大学 |
| 孙潇悦 | 荷兰 | 阿姆斯特丹大学 |
| 谭植尹 | 荷兰 | 格罗宁根汉斯应用科学大学 |
| 曾韵颖 | 加拿大 | 西安大略大学 |
| 檀书航 | 加拿大 | 维多利亚大学 |
| 钱睿智 | 加拿大 | 西蒙菲莎大学 |
| 容 菲 | 加拿大 | 约克大学 |
| 覃劲涛 | 加拿大 | 约克大学 |
| 王亿亿 | 马来西亚 | 诺丁汉大学马来西亚分校 |
| 唐子旋 | 匈牙利 | 德布勒森大学 |
| 蒋凯岸 | 英国 | 南安普顿大学 |
| 支文纳 | 英国 | 华威大学 |
| 潘 玥 | 英国 | 谢菲尔德大学 |
| 潘 畅 | 英国 | 格拉斯哥大学 |
| 王柏锦 | 英国 | 伦敦城市大学 |
| 吴晨凤 | 英国 | 伦敦大学学院 |
| 欧家钰 | 英国 | 伦敦国王学院 |
| 潘书宁 | 英国 | 伦敦国王学院 |
| 李立阳 | 中国 | 中国海洋大学 |
| 李韵如 | 中国 | 河北科技大学 |
| 莫 凡 | 美国 | 缅因大学普雷斯克岛分校 |
| 吴培茗 | 美国 | 俄亥俄州立大学 |
| 林楚茗 | 泰国 | 清迈大学 |

续表

| 学生名字 | 国家 | 入读大学 |
| --- | --- | --- |
| 温锦仪 | 中国 | 广西大学 |
| 王泽然 | 美国 | 加利福尼亚大学戴维斯分校 |
| 梁乐君 | 美国 | 康涅狄格大学 |
| 陈吉浩 | 中国 | 浙江农林大学 |
| 李抒芮 | 中国 | 广西财经学院 |
| 何梓铭 | 美国 | 宾夕法尼亚州立大学 |
| 庞雨轩 | 英国 | 杜伦大学 |
| 李宇萱 | 英国 | 伦敦艺术学院 |
| 陈嘉敏 | 中国 | 厦门大学 |
| 刘骏一 | 英国 | 谢菲尔德大学 |
| 陆梓欣 | 美国 | 美利坚大学 |
| 李弭佳 | 中国 | 香港理工大学 |
| 刘杭馥 | 美国 | 缅因大学普雷斯克岛分校 |
| 谭畅言 | 美国 | 犹他大学 |
| 唐莘甯 | 英国 | 曼彻斯特大学 |
| 尹艺萌 | 英国 | 利兹大学 |
| 于 浚 | 英国 | 伦敦国王学院 |
| 陈斯淇 | 英国 | 伦敦国王学院 |
| 刘子语 | 英国 | 曼彻斯特大学 |
| 宁小莉 | 澳洲 | 悉尼大学 |
| 郑筱瑞 | 美国 | 亚利桑那大学 |
| 李金玲 | 英国 | 伦敦国王学院 |
| 谢 榭 | 英国 | 曼彻斯特大学 |
| 刘奕彤 | 英国 | 威斯敏斯特大学 |
| 赖虹羽 | 澳洲 | 悉尼大学 |

# 第三章

## 学生社团

# 中学生社团文创实施路径的探索研究
## ——以南宁三中校园文创发展为例

吕泉孜

南宁三中团委书记，中学一级教师，凤山、东兰县骨干教师培训计划历史学科培训专家，2018、2019年度南宁市优秀共产党员，2020年度南宁市优秀共青团干部。

**摘 要** 在新时代，"文创"已然成了时代热词。作为中学文创的主要负责主体，南宁三中的学生社团开拓创新，不断以南宁三中为主题创作一系列校园文化产品。学生社团的文化产品设计主要取材于南宁三中"真·爱"办学理念，通过积淀发生在南宁三中的故事让其成为创意的源泉，并通过文创的形式将其物化用作收藏和传播，有力推动了南宁三中实践型德育模式的探索。

**关键词** 文创 中学生社团 社会实践

文创即文化创意类产品。近年来，以故宫博物院为代表的博物馆、文化馆等组织机构屡次凭借其创作的精美主题文创大卖而登上微博热搜，成为社会热点，这是新时代的新现象。作为新时代的新青年，中学生对此类文创喜爱有加，不仅是钟意其外表设计的精美绝伦，更有对其内里深刻文化底蕴的热爱。受到来自官方文创的影响，近年来，中学生开始把艺术创意创作的专注点聚焦于本校，对所在校园内具有特色的人和物进行充分挖掘，制作出深受师生喜爱的文化创意类产品。部分文创成为师生、校友争相采购的货物。这些文创也最终成为校园文化的重要组成部分。

## 一、南宁三中的学生社团——文创实施主体

中学文创主要负责群体是学生，然而文创的面世仅凭借学生个人的力量是难以实现的，因此一般以学生社团为单位进行创作、宣传和售卖。学生社团是学生在自愿的基础上结成的各种群众性文化、艺术、学术团体。它打破年级、系科甚至学校的界限，由兴趣爱好相近的学生组成。在保证学生完成学习任务和不影响学校正常教学秩序的前提下开展各种活动，目的一是活跃学校学习气氛，提高学生自制能力，丰富课余生活；二是交流思想，切磋技艺，互相启迪，增进友谊。

综上所述，学生社团是由部分学生在共同兴趣、爱好的基础上自愿、自发地组织起来的，通过开展各项有益的课外活动，实现自我教育、自我管理、自我发展的学习共同体。南宁三中的学生社团一般是由学校指导建立或由学生自发形成的，由学校团委统一领导并充分发挥自主性，由具有共同兴趣爱好的学生自愿加入并自主经营的学生群众性组织。

南宁三中是中国百强中学、广西首批重点中学、广西首批示范性高中。学校源自1897年维新人士余镜清创办的南宁乌龙寺讲堂，历经125年办学历史的

洗礼，南宁三中以"真·爱"教育的办学思想和"德育为先，文理并重，崇尚一流"的办学特色享誉八桂大地，成为莘莘学子向往的求知殿堂。学校为了实现学生的全面发展，以丰富而精彩的校园文化活动使学生陶冶情操、拓宽视野、提高能力。南宁三中学生社团正是在这种充满爱与民主的校园氛围中应运而生，并逐渐成为学生文化的重要载体、学生展现自我的舞台和促进自我成长的沃土。

正因为有着良好的社团成长环境，南宁三中的文创发育有了良好的土壤。但随着文创的不断推陈出新，不少问题也随之而来。

## 二、南宁三中中学生文创实施路径

### （一）文创基金管理委员会的成立

因为文创具有营利性质，市场上也存在个人和商家不经学校同意而使用"南宁三中"及其相关元素进行生产营利的行为。加上学校内部的学生社团在创作、售卖文创过程中存在一些矛盾，为了规范南宁三中校友及在校生使用南宁三中元素制作原创文化创意类产品过程，学校秉持公益原则，创办了南宁三中文创基金管理委员会（简称文基会）。文基会是由南宁三中毕业校友负责运作的，在南宁三中校团委的指导和社会各界人士的监督下，依法取得南宁三中校方许可授权，专门负责规范南宁三中毕业校友及在校生使用南宁三中元素制作原创文化创意类产品的行为并将所得版权费进行统一管理公示的公益机构。文基会的主要职能为代理校方对南宁三中毕业校友及在校生使用南宁三中元素进行文创制作的行为进行审核，对符合条件的文创进行授权，依法收取相应的版权费，并将所得的版权费全部作为南宁三中社团发展经费，统一公示管理。以下为文基会相关文件（见表1）、流程示意图（见图1）。

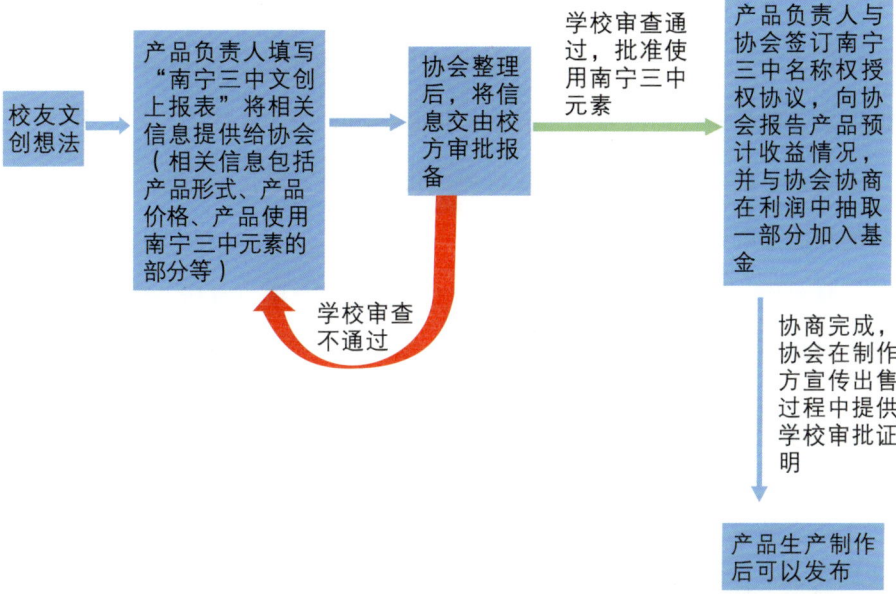

图1 文创基金管理协会对其他人员制作文创申请使用南宁三中元素的报备流程及后续反哺计划流程

表1 南宁三中文创产品上报表

| 文创负责人姓名 | 文创负责人所属校区、年级、班级 | 负责人联系方式 | 电话：<br>QQ： |
|---|---|---|---|
|  |  |  |  |
| 预计销售量（件） |  | 预计每件利润（元） |  |

文基会结合南宁三中社团发展实际，在创立之初就开启了反哺计划。该计划对使用南宁三中相关标志的学生社团文创收取其销售所得利润部分5%的商标使用费，此项所得均注入南宁三中文创基金池，作为各社团发展、开展活动的预备资金。此外，对未获得授权许可（包括尚未完成报备流程）即开展售卖宣传的社团采取处罚措施，具体如下。

一是对同一社团的前两次违规作警告处理，责令中止宣传及售卖行为，直至取得授权许可方可恢复。

二是若同一社团出现第三次违规，取消该批文创销售资格，30天内不得再次申请。

文基会的成立大大改善了南宁三中内部社团文创创作、售卖过程中的混乱现象，震慑了社会上的商家任意使用南宁三中名称的不法行为，规范了南宁三中的文创事业，为南宁三中社团的发展和南宁三中文创的发展立下了汗马功劳。南宁三中校友们对母校的热爱及强大的知识产权意识，为南宁三中社团和文创发展保驾护航。

### （二）南宁三中文创发展现状分析

虽然并未针对南宁三中文创进行专门性调查研究，但就社团文创售卖的情况与社团文创负责人进行初步探讨，可以大致得出南宁三中文创的发展现状如下。

1.市场相对狭小。

截至2021年，南宁三中教育集团虽有四大校区，但受到发货问题困扰，目前只能各校区各管各的文创，尚未做到集团内部共享市场。初中校区学生人数虽多，但文创购买渠道并未拓宽，还有较大的发展空间。

2.产品注重实用性。

社团以笔记本、书签、钥匙扣、信笺、卡套、手包、抱枕等作为文创创作载体，并在其中注入南宁三中的元素。学生前期的市场调研评估得当，售卖的产品基本上盈利。

3.产品创新力不足。

截至2021年，社团文创的种类相对较固定，这一定程度上限制了学生的创作空间。虽然南宁三中的元素在不断创新，但载体来来回回都是"老五样"，推陈出新的力度不够。

4.产品营销能力不足。

受学生现阶段的知识水平影响，学生社团在文创营销领域的能力尚有所欠缺。文创在校外的宣传情况和销售量均不足，基本上依靠的是放学后的流量进行销售。

5.产品内涵程度欠缺。

文创主要以南宁三中为创作的元素，鲜有深入挖掘南宁三中校史和南宁三中人物的作品，文化内涵的深度不够。作品的设计说明、设计意图较为浅薄，缺乏引人入胜的文化挖掘。

### （三）南宁三中文创发展方向探索

1.注重用户体验。

文创虽然是依托学校品牌的特色文化产物，却不能忽视产品本身的实用性，既需要考虑到产品的实际使用体验，也需要注重消费者的反馈。学生作为主要消费群体，性价比也是他们购买文创时不容忽视的一个因素。

2.扩展市场范围。

市场需求在一定程度上能刺激文创产品的创新程度，适当向教育集团内部几个校区拓宽市场空间，适当向初中其他学校拓展市场范围，增长的订单会给文创带来更多的可能性。

3.宣传、营销形式的创新。

宣传可以通过微信小程序、抖音、小红书等新媒体渠道向外铺开，以期扩大影响力，为文创铺垫良好的宣传效果。为畅通销售渠道，需要与快递物流、购物平台谈判，社团个体的力量相对不足，可以考虑成立社团文创联合部门。

### 三、南宁三中文创的效果

南宁三中文创的发展离不开文基会的管理，更离不开南宁三中学生社团的文化产品创作。为此，笔者专访了南宁三中文基会的首届主要管理者和南宁三中2021级学生会主席：

文基会创办的起因，是在看到一些非常优秀的社团因为资金等问题无法继续办下去时，作为曾经自己的社团也经历过类似遭遇的南宁三中社团高层，最能体会到其中的无奈和着急，但学校能提供给社团的资源又是有限的。这时就需要一个组织，号召那些有影响力的大社团，去帮助那些小社团。这个想法在毕业后才能实现，是因为对南宁三中社团文化的热爱，也是毕业后仍然希望能用自己的一点力量，为南宁三中社团文化的发展尽一点微薄之力。文基会由毕业后的校友们组成，大家因为同一个目的，同一种热爱聚集在一起，这种感觉也让我感受到了南宁三中社团的初心——因为热爱，所以相遇。而文基会的成果，再次证明了这种热爱的力量是巨大的。

——南宁三中2020届毕业生、第一届文基会主席　潘　晟

"真·爱"教育，薪火相传。转眼间离开南宁三中已两年有余，而陪伴文创基金管理协会走过的日子也来到了第三年的开端。担任官方账号管理者的两年时间里，我和文基会成员们欣喜地看到南宁三中文创层出不穷，文创队伍不断壮大，文创事业繁荣发展，也一同推动并见证了南宁三中文创管理逐渐走向规范化、制度化、标准化。当我们"为爱发电"，与文创制作者不厌其烦地沟通时，我常常在想，也许"真·爱"教育的意义便在于此。愿以自己为桥，让南宁三中文化得以代代延续；愿为母校扬帆，让125周年的南宁三中迈向新的辉煌。谨代表文基会，祝福母校越来越好！

——南宁三中2020届毕业生、第一届文基会文宣部部长　陆宥彤

学生会目前文创经验：一是，目前主流的文创创意获取途径有三种，分别是社团内自我创作、外包、接受投稿。第一种是最为传统的方式，胜在稳定性强，纯利润占比最大，能够有效避免版权纠纷与品控问题，卖家与买家容易进行便捷有效的沟通；缺点是对人员数目及人员能力要求较高，创作效率与人员成正相关，不匹配的效率要求容易造成人员工作过量无法完成。第二种方式胜在产出量，对人员要求极低，产品产出是相对无上限的，但如果采用买断模式，则需要的本金更多；采用分成模式，所得利润占比更小，并且对社团品控有一定需求，消费者与提供方之间沟通更为困难。第三种方式由于投稿方为大众学生，消费者更懂消费者，对于校园情感共鸣方面显然更胜一筹，但这种方式容易出现"一个社团吃饱、其他社团饿死"的情况。

二是，文创的类型大体上可以按照卖点分为两类，情怀类和实用类（大多数情况下是纯情怀或情怀实用并行，少有纯实用类卖点），以徽章、钥匙扣为代表的纯情怀类产品对新生的吸引力更强，宜在新生入学时期销售，但后期销售能力较差。纯实用类相当于社团的身份"倒卖商"，大多数情况下已经失去了"创"的含义，少有在实用功能上对产品进行创新（显然这有更高的难度）。情怀兼实用的文创有双方面的优点，对于消费者而言，既缘于热爱，也是因为可能有用。随着时间发展，文创形式创新更多地在外观上进行，在品类上逐渐趋于饱和，未来也许需要探索更为新鲜、罕见的类型，比方说拟人手办、亚克力立牌等更有新时代元素，能够调动新鲜感的产品，抑或生产要求更高的产品。当然，在学生更迭的动态平衡中，社团文创的收支也处于动态平衡状态，即某种程度上既是社团文创不向深度发展创新，在更替的学生群体中也能够获取足量的社团资金。

——南宁三中2021级学生会主席　霍　天

## 四、结语

在新时代的大环境下，文化产业早已成为一个重要赛道。鼓励引领学生社团制作文创是校园文化教育的重要渠道之一。这样既可以加强师生、校友等人爱校的情愫，起到教育事业和文化创新产业的联动，使学校文创不仅能够产生经济价值，也可有效促进校园文化内涵的凝练，创造不可估量的社会价值。学校作为文化理念传播的重要载体，更应抓住产业发展的大好机遇，加强对学生社团文创的教育引领，着力在特色文创设计、市场预判、开拓宣传和销售渠道、强化知识产权保护意识等方面帮助学生社团，引领学校文创实现学习的跨界和德育的实践，打造具有鲜明校园特色、优秀校园文化、深刻校园内涵的优质校园文创，达到一举多得的教育成效。

# "大思政"格局下初中学生社团活动融合思政教育的实践与研究
## ——以南宁三中初中部青秀校区为例

江东洋

南宁市优秀少先队辅导员，南宁市优秀共青团员，南宁市教育局直属学校优秀团干，南宁三中优秀教师、优秀班主任，荣获广西中小学幼儿园安全教育"精彩一课"一等奖，南宁市中学（中职）团委书记团务技能大赛一等奖。

**摘　要**　初中学生社团活动是培育学生兴趣爱好的初始舞台，是锤炼学生道德品质的重要阵地，更是学校开展教育教学不可或缺的一部分。在"大思政"的格局下，将思政教育融合到社团活动，是培养学生并使其在一生中都具备健全人格的关键。本文针对学生社团活动融合思政教育的实践现状，提出学生社团活动融合思政教育的优化对策，有助于学生树立正确的人生观、世界观和价值观，提高学生整体素质，有利于繁荣校园文化和丰富校园生活，促进学校教育的发展。

**关键词**　初中生　社团活动　思政教育　优化对策

在中国共产党成立100周年之际，中共中央、国务院印发的《关于新时代加强和改进思想政治工作的意见》中指出，要加快构建学校思想政治工作体系，实施时代新人培育工程，完善青少年理想信念教育齐抓共管机制，培养德智体美劳全面发展的社会主义建设者和接班人。[①]这就要求学校高度并且全方位地重视思想政治工作的建设，学生社团是落实立德树人的根本任务的主要阵地之一。

## 一、学生社团活动融合思政教育的必要性

第一，社团活动融合思政教育是将思政教育自然地融入学生社团及其活动当中，真正做到立德树人"润物细无声"，是营造"大思政"环境的重要举措。

第二，初中学生兴趣爱好广泛。社团是其兴趣爱好主要的施展阵地，参加社团活动成为学生课余的主要内容，丰富了学生的情感世界，促使初中学生在思想、情感方面获得健康交流和发展，陶冶情操，营造健康环境。[②]

第三，社团活动融合思政教育是对思政课的有力补充。社团活动具有很强的开放性，在"大思政"的格局下，可以在系列愉悦、自由的社团活动中培育学生理解和践行社会主义核心价值观，扩大理想信念教育，培养探究精神等。

第四，社团性质多种多样，有助于学生开拓视野，社团活动形式更灵活，内容更全面，可以实现自我教育，提升统筹、沟通和表达能力，利于学生全面发展。[③]

---

① 《中共中央、国务院印发〈关于新时代加强和改进思想政治工作的意见〉》，载《人民日报》2021年7月13日第1版。
② 奚倩文：《高校学生社团的思政育人功能及其优化对策》，载《当代教育实践与教学研究》2020年第9期，第119-120页。
③ 聂羽彤、梁珈翊、冯沛轩：《高校社团育人功能研究——以动漫社团为例》，载《现代商贸工业》2020年第17期，第181页。

## 二、当前初中学生社团活动融合思政教育现状

为了深入了解目前初中学生社团活动融合思政教育的状况，笔者开展问卷调查，对相关观点和做法进行统计和分析。调查对象是来自南宁三中初中部青秀校区的青青科研社、菁音合唱团、星熠剧社等多个社团的学生，调查的社团类别含文化素养类、学术科技类、志愿服务类等。本次调查社团种类丰富（见表1），参与调查人数达425人（见表2），问卷共回收425份，其中有效问卷425份，样本具有一定的代表性。

表1 参与问卷调查的社团名单

| 学生会 | 创客空间 | 篮球社 | 菁音合唱团 |
| --- | --- | --- | --- |
| 广播站 | 青青科研社 | 足球社 | POP音乐社 |
| 国旗护卫队（班） | 菁茂史社 | 花样跳绳社 | 新篁之韵民乐坊 |
| 礼仪队 | 青隐书画社 | 羽毛球社 | 星熠剧社 |
| 学生管理团队 | 青采文学社 | MINI舞社 | 青心心理社 |

表2 参与问卷调查的社团学生基本情况统计

| 年级、人数及占比情况 | 初一291人（68.47%），初二134人（31.53%），共425人 |
| --- | --- |
| 进入社团时限 | 1学期113人（26.59%），1学年202人（47.53%），1学年以上110人（25.88%） |

通过对调查结果的统计分析，初中学生社团活动融合思政教育方面的现状如下。

### （一）关于社团活动的看法

对于活动的意义，82.59%的学生认为活动丰富多彩，具有社会价值、教育意义的社团对其更具吸引力；81.88%的学生认为内部凝聚力强且气氛活跃，成员关系融洽的社团对其更具吸引力。

对于活动的种类，78.35%的学生希望社团活动贴近生活，73.88%的学生希望社团活动内容创新、种类丰富，80.95%的学生对现在所加入的社团感到满意。

对于社团活动发展的关键，87.06%的学生认为社团成员团结一致、积极参与是社团活动发展的关键，81.88%的学生认为学校的支持是社团活动发展的关键。

综上可见，关于社团活动学生绝大部分倾向于个人价值的提升、兴趣爱好的培育以及技能的提升，更喜欢有创意的、形式多样的、贴近生活的活动，认为社团活动发展的关键在于团结一致的氛围与学校、教师的支持。

### （二）关于社团活动融合思想政治教育的看法

对于认为开展社团活动的目的，77.41%的学生认为是给他们提供施展才能的平台；62.82%的学生认为可进行思想政治教育（如传统文化教育、环保教育、奉献精神培育等）。

超过50%的学生认为，在社团活动中受到过家国情怀（热爱祖国大好河山等）、志愿服务（开展社区服务等）、道德法治观、科技兴国、劳动实践等教育，72.94%的学生觉得在社团活动中受到很好的思想品德和政治觉悟的培养。

对于思想政治教育意义的看法，85.41%的学生认为有益于提高个人政治素养、道德水准、文明素养等，79.76%的学生认为思想政治教育是践行社会主义核心价值观的成功基石。

总的来说，大部分学生意识到社团活动融入思想政治教育的重要性，同时认同社团活动对个人思想道德、各项能力提升的重要性。

### （三）关于社团活动融合思想政治教育的方式

绝大多数学生倾向于在社团活动中"润物细无声"地融合思政教育，拒绝开门见山、直接切入主题。同时，他们希望能够丰富活动形式，锻炼全面综合能力，发挥团小组作用，加强团队协作能力，较注重提高成员参与度与体验感。

## 三、社团活动融合思政教育的优化对策——以南宁三中初中部青秀校区为例

### （一）明确发展方向，坚守社团思政阵地

一是坚持以中央的方针为指导，推进素质教育，将其纳入学校工作的整体范畴，坚持社团的合理定位。在社团建设过程中，坚持立德树人，以爱国主义精神凝聚学生的灵魂，促使社团活动为校园文化建设服务，使学生获得全面发展，为祖国未来发展添砖加瓦。

二是对学生社团进行分类，根据其规模、性质等方面进行分类，针对不同的类别采取不同的管理和运营模式。这样不仅可以灵活地、有目的地融合思政教育，也能使社团组织得到和谐、良好、个性的发展。社团一般分为文化素养类、思想建设类、体育艺术类、学术科技类等（见表3）。

表3　南宁三中初中部青秀校区社团分类

| 社团类别 | 社团名称 |
| --- | --- |
| 自主管理类/志愿服务类 | 学生会 |
| | 广播站 |
| | 礼仪队 |
| | 学生管理团队 |
| 思想健康类 | 国旗护卫队（班） |
| | 知行社 |
| 心理健康类 | 青心心理社 |
| 实践创新类 | 青青科研社 |
| 学术科技类 | 创客空间 |
| | 化学晶体社 |
| | 物理社 |
| | 数学社 |
| 文化素养类 | 青隐书画社 |
| | 青采文学社 |
| | 菁茂史社 |

续表

| 社团类别 | 社团名称 |
|---|---|
| 体育艺术类 | 足球社 |
| | 篮球社 |
| | 排球社 |
| | 羽毛球社 |
| | 花样跳绳社 |
| | 菁音合唱团 |
| | 新篁之韵民乐坊 |
| | MINI舞社 |
| | POP音乐社 |
| | 民族舞蹈团 |
| | 星熠剧社 |

**（二）重视课程开发，打造社团活动系统**

在"大思政"格局和"双减"政策的背景下，以课后服务为切入点，整合各种资源，开设社团活动课程，设置思政教育目标，打造融合思政教育的社团活动系统（见表4），每周定时开展社团活动课程，以此发掘学生内在潜力和对知识的渴望。

表4 南宁三中初中部青秀校区社团融合思政教育活动（课程）体系

| 社团名称 | 活动（课程）名称 | 思政教育内容 | 思政教育目标 |
|---|---|---|---|
| 学生会、学生管理团队、礼仪队、广播站 | 管理能力、志愿服务能力、沟通协调能力培养，仪表形态训练 | 集体主义教育、意志品质教育、自主管理教育、志愿服务教育、职业道德教育 | 吃苦耐劳，具有一定的服务精神、团队精神、自主管理能力、集体主义意识 |
| 青采文学社 | 举办青采杯文学创作大赛、编辑文学社公众号、编辑《争秀》期刊、举办文学创作大赛、了解古诗词人物 | 文学教育、中国传统道德教育、科学认识论教育、方法论教育、纪律教育 | 弘扬中华传统文化，具有一定的人文素养，形成积极健康的审美情趣，正确认识自己、尊重他人，学会交流与合作，具有团队精神，理解文化的多样性，初步具有面向世界的开放意识 |

续表

| 社团名称 | 活动（课程）名称 | 思政教育内容 | 思政教育目标 |
| --- | --- | --- | --- |
| 菁茂史社 | 收集家史故事、口述史访谈课程（活动） | 中国传统道德教育、科学认识论教育、方法论教育、民族团结教育 | 弘扬传统文化、本地区的民族文化，实现文化传承 |
| 青青科研社 | 生物解剖实验课、趣味显微实验课、植物学种植课程、植物挂牌、打理开心农场 | 劳动教育、环境道德教育、科学认识论教育、方法论教育 | 学习劳动技能、本地区的民族文化，实现文化传承 |
| 创客空间 | 信息学奥林匹克竞赛C++入门、3D打印、C语言学习、编程、机器人、航模课程 | 科技创新教育、方法论教育 | 培育科学素养、科技创新、科学求真、勇于探索等精神 |
| 星熠剧社 | 校园戏剧（抗疫精神、爱党爱国教育、社会公德） | 爱国主义教育、社会主义人道主义教育、社会公德教育、社会主义教育、职业道德教育 | 培育抗疫精神、家园情怀、科学求真精神、勇于探索精神等 |
| 青隐书画社 | 书法书画展（抗疫、爱党爱国等主题），创作壮锦绘画、创意科幻画 | 爱国教育、社会主义教育、心理健康教育、职业道德教育 | 培育家国情怀、抗疫精神、国家认同、大爱精神 |
| 国旗护卫队（班） | 爱国主义思想教育、升旗仪式、队列训练、队列展示 | 爱国主义教育、社会主义教育、国防教育、集体主义教育、纪律教育 | 培育爱国主义精神、奉献精神、国家认同、文化传承精神等 |
| 足球社、篮球社、羽毛球、排球社、花样跳绳社 | 战术（技能）训练、足球赛、篮球赛、羽毛球赛、跳绳比赛、排球赛 | 意志品质教育、集体主义教育、心理健康教育、职业道德教育 | 具有顽强的意志，形成积极健康的生活方式和审美情趣；学会交流与合作，具有团队精神 |
| POP音乐社、新篁之韵民乐坊、菁音合唱团、民族舞蹈社 | 革命歌曲演唱比赛、艺术节、艺术技巧指导训练 | 爱国主义教育、理想信念教育、民族精神教育、民族团结教育、社会公德教育、职业道德教育、纪律教育 | 具有顽强的意志，形成积极健康的生活方式和审美情趣，有为民族振兴和社会进步作贡献的志向与愿望 |

续表

| 社团名称 | 活动（课程）名称 | 思政教育内容 | 思政教育目标 |
| --- | --- | --- | --- |
| 青心心理社 | 趣味团体体验、举办心理知识沙龙 | 心理健康教育、价值观教育 | 拥有积极健康的心理、价值观 |
| 知行社 | 聚焦时政论坛、模拟法庭、乌龙寺讲堂 | 思想理论教育、价值观教育、理想信念教育、法治教育 | 知法守法、爱国主义，坚定理想信念，践行社会主义核心价值观，弘扬民族精神 |
| 数学社、物理社、化学晶体社 | 学习学科方法、解决实际问题的方法、培养奥林匹克竞赛思维 | 科技教育、方法论教育 | 具有一定学科素养、动手实践能力、创新能力、奥林匹克竞赛思维 |

### （三）打造精品社团，增强活动育人载体

社团的种类要尽可能多样，更多地去满足学生各色要求。要对精品社团给予特殊照顾，如加大对其经费投入、技术支持，扩大其影响力，既能激发学生的参与热情，激励其他社团发奋努力打造特色，也可以让思政育人达到更优效果。如笔者所在学校打造的精品社团——青青科研社团，为了打造特色，学校投入经费支持其在校内建设一个生态农场，开辟成为社团的实验基地。

### （四）创新管理模式，加强社团活动保障

一是要加强社团的制度管理，规范化建设社团。在宏观把握的基础上，还要给社团充足的施展空间。建立相应的考核制度，通过考核评估活动的效果和水平，达到思政育人的效果，激励社团良性发展。

二是配备指导教师，指导社团工作，教师能够有意识地朝理想信念的方向引导，将思政内容融入社团日常活动，潜移默化地对学生进行思想引领。[①]此外，为其争取学校评优、评先资格，加强对其考核，提高融合思政教育的质量和实效性。

三是加大扶持力度，保证社团活动开展的需要。将社团经费管理纳入学校财务预算中，配备校内专门活动场地，挖掘校内外活动基地，满足社团活动的

---

① 蒋京辰、李明蔚、许伟维：《利用社团开展高校思政教育的必要性和路径探析》，载《青年与社会》2020年第11期，第154-155页。

场地需求，给予专门开展社团活动的时间。

　　总而言之，在"大思政"的格局下，初中学生社团活动中融入思政教育势在必行。我们必须清醒地认识到，只有全方位地加强对学生的思政教育，帮助学生树立正确的理想信念，才能培养出适应社会发展的健康的人才。

# 基于无界学习与「五育并举」理念的初中学生社团课程化模式构建及其应用

## ——以南宁三中初中部五象校区为例

雷 婷

初中部五象校区团委书记，南宁三中年度优秀教师。

**摘 要** 初中学生社团课程化模式是基于无界学习与"五育并举"的理念，打破学习场域的限制，将一切有利于初中生成长成才的学生社团活动视为课程，对实现社团育人功能具有重大的理论意义和现实意义。本文结合当前初中学生社团课程化模式的具体要求，对学生社团活动项目进行规划、实施、管理和评价，围绕制度保障、组织保障、量化考评、激励保障等方面提出基本构思，从运行前期、中期、后期和评估反馈四个阶段，逐步构建课程化的初中学生社团管理创新模式。

**关键词** 无界学习 初中 学生社团 课程化

2016年，共青团中央和教育部联合发布《中学共青团改革实施方案》，文件明确指出，"建立健全党领导下的'一心双环'中学团学组织格局，即以团组织为核心和枢纽，以学生会为学生'自我服务、自我管理、自我教育、自我监督'主体组织，以学生社团及相关学生组织为外围手臂延伸。确立共青团在各类学生组织中的核心地位和作用；改进学校团委对学生会组织的指导管理，推动学联学生会组织深化改革，确保学生会组织依法依章程独立开展工作；学校团委切实承担起对学生社团的归口管理职责，支持和引导学生社团规范发展"[①]。

　　当前，我国基础教育发展进入新时代，初中学生社团管理工作也面临新的挑战，如何建立适应新时代要求的学生社团管理模式，使其在中学校园文化建设和学生成长成才中发挥更大的作用，既是当前中学管理研究的一个重要课题，也是学生思想政治工作的重要内容。本文拟将课程化模式引入初中学生社团管理中，旨在突破传统中学学生社团管理模式，把部分学生社团与校本课程相结合，将学生社团活动与课程教学相衔接，通过实施学生社团活动课程化，进一步丰富学科教育的内容，逐步构建以课程化为核心的学生社团管理新模式。

## 一、初中学生社团课程化的重要意义

### （一）有利于提升学生社团育人功能

　　初中学生社团课程化模式的建设，旨在发挥学生社团组织育人功能，充分借鉴常规课堂教学模式和要求，把学生社团的发展和活动纳入学校总体课程教学体系中，"使学生社团不再只是以自我管理和社团联合会管理为主的'民间

---

① 《共青团中央　教育部关于印发〈中学共青团改革实施方案〉的通知》，载中华人民共和国教育部门户网站。

组织'，而是有专业教师的全程指导，并且需要在活动方案的制订、活动的组织开展、活动的评价考核等方面遵循学校教学和管理部门的相关规定"①。

一方面，学生社团管理更加规范。教学部门将学生社团的建设和活动纳入学校课程教学计划，统筹管理学生社团的课程设置、教学规范和授课教师，尤其在学生社团开课选择、指导教师评价和实践活动监督等方面进一步加强督导和管理。通过学生社团活动的课程化，学校主动介入学生社团活动的组织运行，坚持建设和管理并重，既有积极扶持，又有规范运作，在机制的建设上促进学生社团健康发展。

另一方面，学生社团自身发展更加有活力。根据课程化的规划，学生社团不再是以往单纯的自发组织，学生社团活动将有明确的教学计划和教学要求，真正成为培养能力和拓展素质的有效途径，不断增强学生参与学生社团活动的积极性和主动性，不断增强学生社团的组织力、凝聚力和战斗力。

### （二）有利于提升学校教育教学水平

学生社团是连接学校、学生和家庭的桥梁和纽带。初中学生社团课程化建设既有利于学生社团自身的发展，也有利于提升学校教育教学质量和水平。通过初中学生社团课程化建设，明确把学校课程教学管理与相关学生社团活动紧密地结合起来，进一步丰富和完善体验类课程，把学生的认知、情感和行为有机地结合起来，让学生在社团活动中不断提升自我、充实自我和完善自我，最终达到提升学校教育教学质量的目的。

### （三）有利于增强中学共青团服务质量

中学共青团在全团有基础性、战略性、源头性的地位和作用，是中学学生社团的指导者、管理者和监督者，全面负责中学学生社团活动的规划、设计和统筹。《中学共青团改革实施方案》指出，要"加强对学生社团的指导和管理，支持学生社团、学生兴趣小组开展活动，促进社团活动健康发展"。通过学生

---

① 周小骥、侯盛炜、秦晶：《高校学生社团课程化建设探究》，载《学校党建与思想教育》2014年第4期。

社团课程化建设，中学共青团可以精准把握学生社团建设的方向和目标，积极引导学生社团健康有序发展，达到共青团服务育人的根本目的。根据课程化的要求，着力发挥中学共青团的组织优势，建立健全中学学生社团管理体系，切实提高管理的科学性和有效性，为中学学生社团活动提供制度保障，为初中生成长成才提供有效引导。

## 二、初中学生社团课程化的教育理念及基本思路

初中学生社团课程化模式基于无界学习与"五育并举"的理念，在设计上着眼于学生德智体美劳全面发展，期望在活动中使学生的知识、能力、素质得到发展，使不同个性、不同层次的学生的学习兴趣得到激发，学习能力得到提升，爱好得到培养，增强学生的信心与动力。以校本课程为主要载体，全面谋划，科学统筹教学安排，让学生自主选择、自愿参与，真正激发学生内在的主动性、积极性和创造性。学生在社团活动课程中，得到管理能力、文化体育艺术修养、思想政治修养等的同步提升。

初中学生社团课程化的基本思路：结合校本课程的概念，对社团活动进行统一规划和管理，每一门校本课程上课的学生组成一个社团，校本课程的指导教师也是社团的指导教师，在设计上，将校本课程和常规学科课程作为学校教育系统的两个子系统，互相补充，共同实现育人育才的目标。

## 三、初中学生社团课程化的具体模式

构建初中学生社团课程化模式，需要充分考虑学校现有的资源配比情况，把部分社团与学科校本课程相结合，将学生社团活动与课程教学相衔接，通过实施学生社团活动课程化来丰富学科教育内容。在课程开设中，所参与的主体应不同于传统的开课模式，即参与主体应辐射校团委、学生社团、第三方评估机构和学生等主体。

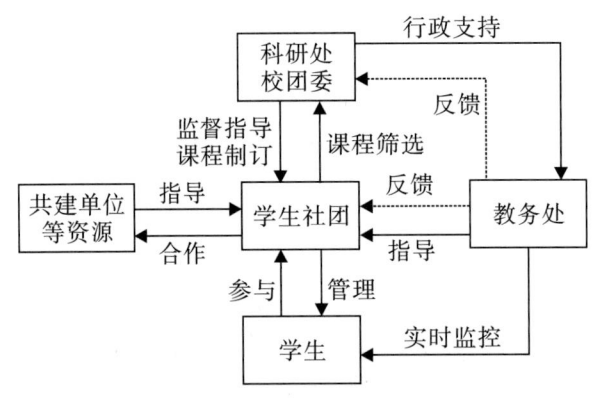

**图1 初中学生社团课程化模式**

初中学生社团管理课程化模式涉及的主体行为关系（见图1），具体包含以下几个方面：一是课程的制订，包括课程论证和可行性分析等；二是课程的筛选，结合学生社团职责或服务内容范围，筛选出优质的素质教育校本特色课程；三是课程的实施与评估，在科研处和校团委的指导下实施，由第三方评估机构实时监控课程的实施，并将实施过程中存在的问题和取得的实效反馈给相应的三方。教务处作为最主要的第三方评估机构，对于结果反馈路径的选择、课程化模式的自我修正、持续改进有重要作用，具体评估反馈的性质和内容如下：

在课程化模式中，课程来源于科研处和校团委的制定，是科研处和校团委出于提升课程质量等原因作出的决策。学生社团开设的这些课程具备一定的公益性质，可以看作中学职能部门授权下的课程服务行为。在开班模式中，第三方评估机构保持相对独立的状态，结合对课程质量的跟踪，及时向科研处和校团委反馈课程体系实施的情况及产生的教育实效，并归纳总结课程实施过程中出现的各类问题，提出改进意见。同时，第三方评估机构与校团委保持良好的支持关系，提供必要的课程资源、师资匹配等，在课程实施过程中，如果遇到需要校团委行为干预和介入时，第三方评估机构可以向校团委反映以保证项目的顺利开展。

## 四、初中学生社团"课程化"内容

朝阳五象，育南三初中之书声雅韵，扬南三初中之朝气风姿。南宁三中初中部五象校区的自主管理类、中华文化类、理性思维类、身心发展类四大类20余个学生社团（相关社团的标志及活动照片见图2至图23）以独特的思想性、艺术性、趣味性、多样性吸引广大学子参与其中，成为拓展学子能力、丰富校园生活的重要载体，在校园文化建设中发挥主力军的作用，彰显着南宁三中敦品力学的校训精神，使得南宁三中的少年们得以丰富自我、展现才华，在五象这片充满希望的土地上创造属于南宁三中人的精彩与辉煌。

### （一）自主管理　引领成长

图2　国旗护卫队（班）

图3　O·I·S校园电视台

图4　礼仪队

图5　真·爱之声广播站

（二）中华文化　创新传承

图6　甘棠文学社

图7　律政风云社

图8 鹿鸣社

图9 墨趣书法社

图10 新篁合唱团

图11 新篁民乐团

## （三）理科思维　科学拓展

图12　同心圆社

图13　机器人社

图14　脉动社

图15　Wonderland

图16　环球社

图17　智创社

（四）身心发展　健康成长

图18　心心向荣社

图19　心悦诚符社

图20　篮球制霸社

图21　旋风乒乓球社

图22　排球社

图23　Vot啦啦操俱乐部

## 五、结语

初中学生社团课程化模式符合新课程改革所提倡的"一切为了学生的发展"核心理念,它能够对传统的课堂进行补充和拓展,能够促进初中生成长和发展,能够促进初中学校社团可持续稳定发展。相信随着学校教育和社团建设的不断发展,以及学校教学改革的不断深化,初中学生社团课程化模式在初中学校社团管理中必将占有重要的地位。

通过研究,笔者深切感受到初中学生社团课程化模式的价值和前景所在,但是,将此模式普及还需要有更多的探索和更加长远的努力。这需要学校管理层、社团管理部门更好地为这一模式的成熟作出实践努力,以争取让初中学生在社团活动课程中得到健康的成长与发展,让初中学生社团得到健康地、稳定地可持续性发展,成为学校的一大得力教育阵地。

『百年名校正青春』

无界学习

# 4 资源无界

『百年名校正青春』

无界学习

# 第一章
## 网络课程

# 信息化2.0背景下网络数字化教学资源建设的实践与研究
## ——以南宁三中初中部青秀校区为例

黄成林

初中部青秀校区教务处副主任，副高级教师，南宁市学科带头人、南宁市优秀教师、南宁市优秀班集体班主任、南宁市教育局优秀共产党员、南宁市优秀团干部、南宁市科学技术协会第九届委员会委员、南宁市优秀科技辅导员。

**摘　要**　在科学信息技术快速发展的现代社会，互联网不断普及，数字化教学成为教学的重要手段。在大数据理念进入教育领域后，海量信息及其分享便促成了智慧教育的产生，其技术特点是网络化、数字化、多元化、智能化和多媒体化，基本特征是开放、交互、共享、协作。当前，教育已经逐渐被公认为大数据可以大有作为的重要应用领域，并且大数据已经在教育领域中拥有了多种多样的应用，这将给教育带来深刻的变化。

**关键词**　数字化教学资源建设　智能教研　精准教学　实践研究

### 一、研究背景

近年，随着移动互联网+大数据时代的到来，信息化教学模式已是大势所趋，国家对推进信息化教学的力度进一步加大。2015年12月16日，国家主席习近平在第二届世界互联网大会开幕式上的讲话中指出，"十三五"期间，中国将大力实施网络强国战略、国家大数据战略、"互联网+"行动计划，发展积极向上的网络文化，拓展网络经济空间，促进互联网和经济社会融合发展。我们的目标，就是要让互联网发展成果惠及13亿多中国人民，更好造福各国人民。

目前，数字化教学资源的建设和应用已经不再是一种教育发展趋势，而成为一种常态化的教学手段。《2015年教育信息化工作要点》也强调："优质教育资源开发与应用深入推进……鼓励学校建设校本资源库，实现课堂教学的常态化、普遍性应用。"随着科技时代的到来，教育信息化逐步发展，数字化教学资源的开发和利用得到了国家政策的大力支持。

2018年4月，教育部刊发了《教育信息化2.0行动计划》，其中规定了教育信息化2.0的实施行动，分为八大方面：数字资源服务普及行动、网络学习空间覆盖行动、网络扶智工程攻坚行动、教育治理能力优化行动、百区千校万课引领行动、数字校园规范建设行动、智慧教育创新发展行动、信息素养全面提升行动。2019年2月，教育部刊发了《2019年教育信息化和网络安全工作要点》，再次强调要深入落实《教育信息化"十三五"规划》和《教育信息化2.0行动计划》，积极推进"互联网+教育"，坚持高质量发展，以教育信息化支撑和引领教育现代化。为深入贯彻习近平新时代中国特色社会主义思想和党的十九大精神，全面贯彻落实全国教育大会精神，教育部于2019年3月颁布了《关于实施全国中小学教师信息技术应用能力提升工程2.0的意见》，指出"信息技术应用能力是新时代高素质教师的核心素养",并确定目标任务是"到2022年……基本实现'三提升一全面'的总体发展目标:校长信息化领导力、教师信息化教学能力、培训团队信息化指导能力显著提升,全面促进信息技术与教育教学融合创新发展"。

近年来,虽然国家对基础教育和高等教育的数字化教学资源建设投入的力度一直较大且已取得一定成果,在教育发达地区,学校的数字化教学资源建设已经比较完善和先进,在学生学科核心素养的培养上能起到积极的助力作用;但与之相比,广西的本土数字化教学资源建设起步较晚,资源建设存在自主开发程度较低、资源不系统、质量不高等突出问题。所以,应该怎样在初中学校开发建设数字化教学资源,并在课堂中通过应用网络数字化教学资源来提升学生的学习兴趣,激发学生的学习动力,发挥学生的主体地位,更好地培养学生的学科核心素养,以适应未来国家和社会的需求,已成为亟待解决的问题。

## 二、国外及区外的研究现状

### (一)国外的研究现状

数字化教学资源在欧美各国受到了足够的关注,数字化教学水平被列为教育信息化评估的重要方面,"教育信息化"更是被列为国际信息化发展项目。该项目中50%的指标用以评价信息技术在教学中的应用,如学校利用互联网、计算机等设备设施辅助学习的比例。例如,对于美国政府而言,数字化资源平台的建设和共享被认为是数字化教育的重点,并得到部分学者的认同。为了向学生提供更丰富的数字学习资源,美国在加利福尼亚州的橙木学院集中建立了专门的网络资源平台,并配套了相应的数字化教学工具。通过这些工具,学生可以访问互联网并轻松获得所需的数字化资源。美国佛罗里达州则搭建平台,构建了虚拟网络学校。该校对数字化教学资源的利用效果和对其他平台的模范效应十分突出。作为专为中小学生开设的网上远程教育学校,该校收集了大量的教学资源,免费供给全年龄段的学生。同时,该校教师通过虚拟网络学校搭建的远程教育平台、公共社交平台等形式及时与学生沟通，解决学生在学习过程中遇到的困难，方便学生有效利用数字化资源。

### （二）国内的研究现状

数字化教学资源，即随着信息技术革新而产生的一种以数字化形式存在的资源，是信息技术的发展为教育和教学服务的内容，一般来说涵盖九大类型的数字化资源：媒体、测试问题、测试文章、教程、案例、文献、在线课程、常见问题和资源目录索引。这便是国内学术界对数字化教学资源的一般定义。此外，其包含的资源还有数字教育资源库、高质量课程网站、教育资源平台、仿真培训资源等。这些定义均包含在《教育资源建设技术规范（CELTS-41.1）》中。寇海莲等学者将数字化教学资源定义为"在信息技术环境下的各种数字化素材、课件、数字化教学材料、网络课程和各种认知、情感交流工具"。该定义论述的范围与何克抗教授给出的数字化教学资源的定义较为接近。安冉在其论文中总结，数字化教学资源是"能够以计算机为媒介，产生、发展、传递、储存一系列促进教育对象发展的资源"。蔡洪亮在其文章中指出，数字化教学资源是指经过数字化处理或原本就以数字化形式存在的可在多媒体或网络环境下运行的多媒体教学材料。

笔者通过查阅文献资料发现，国内外关于数字化教学资源的理论研究较多，实践研究也多集中在高校和中高职学校的数字化资源建设方面，对初中学校数字化资源建设的研究相对较少。

## 三、研究的学术价值与应用价值

### （一）学术价值

本研究以培养学生学科核心素养为目标，以初中学段的师生为对象，研究在信息技术环境下初中各学科开发和应用的各种数字化教学素材，包含数字化教材、课件、作业、试题及教师的备课资料、教研材料等与教学相关的可在多媒体与网络环境下运行的信息资源。

针对初中学生的年龄特点和发展需求，研究者希望能开发出适合初中学段且符合学校学情的数字化教学资源，并以恰当的形式实现资源在教学中的应用。在此基础上，研究者总结经验，形成初中数字化教学资源的体系、建设和应用策略、评价机制等。

### （二）应用价值

本研究关注学生的学科核心素养培养，结合已有的相关研究理论，探索应该如何进行初中各学科数字化教学资源的开发与应用，提升教师的数字化教学理论水平和信息技术教学技能，以丰富的数字化教学资源助力学生学科核心素养的培养。在研究过程中，形成优质的数字化教学资源，总结好的经验和做法，并进行推广。

## 四、研究对象和内容、重点难点、主要目标

### （一）研究对象和内容

本项目以南宁三中初中部青秀校区（简称学校）师生为研究对象，将通过对在校师生的问卷调查和对课堂的实际观察，发现初中数字化教学资源在开发和应用中出现的一些问题。在培养学生学科核心素养的目标和前提下，研究各学科数字化资源的开发，构建各学科的数字化教学资源，研究数字化教学资源应用的适当方法和策略，及其对培养学生核心素养的促进作用等内容，进而创建初中数字化教学资源的开发原则和评价机制，形成符合学校学情、富有学校教学特色的数字化资源库和数字化资源的教学应用理论。

### （二）研究主要目标

1. 提升软硬件。

通过研究，构建学校的数字化教学资源框架体系，进一步加大硬件和软件的建设力度，搭建数字化教学资源应用的硬件平台和数字化教学资源管理平台，同时有效提高教师的数字化教学资源开发与应用理论水平和实践能力。

2.开发资源库。

结合教学实践应用，促进初中各学科数字化教学资源的开发，系统建设各学科的数字化教学资源库。

3.机制创建。

通过实践和研究，创建初中数字化教学资源的开发原则和评价机制。

4.形成经验并推广应用。

通过实践和研究，形成适合学校学情，富有学校教学特色的数字化资源库和数字化资源的教学应用理论，并进行推广。

## 五、本校区信息化教学现状及优势

### （一）教师结构分析

目前，学校有专任教师261名，教师的整体年龄结构趋于年轻化，均可比较熟练地掌握信息技术的基本技能并应用于教学。学校也一直致力于提高教师们课堂信息技术的操作水平，使他们能够利用学校现有的媒体资源进行大数据整理、个性化教学指导等。同时，学校帮助他们借助网络上的云平台、小程序等来提高教学效率，并提升自身教学水平。

### （二）学校硬件设备配备分析

1.教师个人办公计算机。

本校教师每人均有个人办公计算机一台，主要用于教学资源收集、课件制作、命题阅卷以及数据分析等方面。

2.教室配备希沃一体机。

学校现有78个教学班，各班都配备有一台希沃一体机，安装有希沃白板等常规教学及备课资源，教师使用熟练，学生容易适应，课堂交互效果好。

3.网络资源。

学校网络为统一安装的千兆教育网络，校园内已实现Wi-Fi全覆盖，可助力教师在教学区内应用平板电脑、手机等设备进行教学。

4.多功能教室。

校内的多功能教室包括高配录播教室1间、普配录播教室2间、平板智慧教室3间，能够满足录播教师公开课、远程共享公开课等需求。此外，学校大力打造集录播教室、名师工作坊、观课议课教研室等系列信息化教研功能室于一体的教师学术研究中心，推进教师在课堂中进一步应用信息化，提高教师信息技术融合应用水平。

5.网络平台。

校内可免费使用的网络教学资源平台有3个："人教智慧教学平台（广西）"、"南宁教育云平台"，以及"五好智学""五好导学"平台。目前，"人教智慧教学平台（广西）"和"南宁教育云平台"已为教师注册并激活账号，教师可以免费使用这两个平台的教学资源。"五好智学"及"五好导学"平台提供了3个月的免费试用体验，目前已在八年级师生中进行试用性推广，未来将根据试用情况，就是否全校推广再作进一步的评估。

6.阅卷系统。

考试大数据质量分析及错题推送系统共两个："好分数"阅卷系统、新三科技"云学情"。目前，学校与"好分数"阅卷系统、新三科技"云学情"考后数据分析的合作比较紧密，在近期的大考和联考中都能取得预期的效果。

### （三）本校区信息化教学优势支撑

1.丰富的教学资源。

校本教学资源库完善，能够用好国家教育资源公共服务平台以及区域教育资源平台，充分挖掘现有平台的优质资源，将其应用于收集教学素材，制作多媒体课件、实验视频、训练专题等方面。各备课组都逐步积累和完善自己的资源库，在使用过程中判断资源的科学性与准确性。如果需要在教育教学中引用资源或评估数字资源的可用性，教师可依据资源发布机构的权威性和可信度，资源发布的主要目的，内容的科学性、时效性、教育意义等方面进行评估并及时汇报，筛选出最适合学校使用的教学资源。

2.完善的校园网建设。

各班级的希沃一体机已实现联网，可对全体教师进行班级多媒体设备应用的培训和指导。学校针对使用教室内的教学多媒体设备制定了更完善的规章管理制度，对学生正确使用教学多媒体设备进行教育，拓展了多媒体设备的应用场景和范围，提高了学校网络带宽的承受能力。

3.营造浓厚的信息化教研氛围。

学校加强集体备课、磨课，积极推动学校初中部与区内大学之间开展研课等活动，实现教学资源的共享，提高教师备课质量，强化技术在课堂教学中的应用，不断增强教师的信息化教学能力，提升课堂教学的质量。学校还尝试开展跨学科教学以提高学生的创新能力；尝试在普通教室中开展智慧教学、平板教学，改变传统课堂教学模式，如使教师会搜集整理处理网络数据资源并能在课堂教学中应用，会制作使用高效具有鲜明特色的课件辅助课堂教学，会通过课堂反映出的问题进行数据分析并形成个性化的教学辅导策略。全校教师整体信息化教学水平明显提高，形成学校办学特色。

4.辅助平台。

学校进一步挖掘较成熟的大数据及AI辅助教学的平台，在课前预习、课后辅导、针对性训练、错题分析、错题推送等方面发挥更全面的作用。学校还利用大数据辅助学情分析、教学科研、备考方向及训练侧重点的研究，将研究成果充分应用到中考的备考策略中，促进"三生"培养的精准性以及对"一分三率"的有效提升，形成学校"云上数智"的办学特色。

## 六、研究的基本思路和计划

一是对学校师生展开调查研究，了解学校现有数字化教学资源的建设和应用情况，发现问题并进行分析归因，研究解决的方案和策略。

二是设计学校的数字化教学资源库的框架体系，以教研组或备课组为单位，组织发动各学科教师分工合作，以数字化教材为基础，开发在信息技术环境下的各种数字化教学素材，如数字化教材、课件、作业、试题及教师的备课资料、教研材料等与教学相关的可在多媒体与网络环境下运行的信息资源。

三是在开发数字化教学资源过程中，通过课堂教学实践，研究各学科如何利用数字化教学资源提升教学效率，以实现培养学生核心素养的教学目标的有效方法和策略，并形成课例、论文等研究成果。

四是通过实践和研究，创建初中数字化教学资源的开发原则和评价机制，并在课堂教学运用中进行检验和完善。

五是形成符合学校学情，富有学校教学特色的数字化资源库和数字化资源的教学应用理论，收集整理相关研究成果并进行推广。

### 七、本研究的特色和创新

其一，充分利用学校、社会的教育网络平台资源，建设学校的数字化教学资源库，实现高质量数字化教学资源、信息资源和智力资源的应用。以数字化教学资源为手段，促进学生学科核心素养的培养，真正实现以学生为主体，促进师生互动，激发学生的学习兴趣和动力，更好地培养师生的数字化信息处理能力和创新思维能力，提升教师的专业素养，创建数字化校园。

其二，引导和组织全校师生参与数字化教学资源开发、积累和数字化教学服务，实现数字化教学资源应用的便捷化、教师教学和教研的数字化资源优化、职能信息管理的自动化，实现师生之间、家校之间、校内各部门之间更迅速、便捷地沟通，实现数据共享与协调，形成充满活力的新型管理机制。

其三，在本校区经过充分的实践和研究，形成比较完善的数字化教学资源库，促进本校区师生教与学双向提升和共赢。形成的理论成果也可以被其他初中学校用作建设资源库时的参考。同时，我们将会把研究成果分享推广到学区学校和帮扶学校，将课题成果的效益最大化，与其他学校进行相关的学术交流，为南宁市初中学校数字化教学资源建设贡献力量和智慧。

## 八、构建数据化智能教研及精准教学质量提升体系

### （一）科研引领，数据驱动

为精准把握学情，提升教学及备考的实效，我们运用科研的思维，以数据为驱动，构建 LCCTT（即学力、课堂、班情、考题、考情）学情系统，实施精准教学的研究与实践，从学力、课堂、班情、考题、考情方面构建学习差异、成效、目标、文化的研究体系，通过分析、调控系统变量催生促进学生进步和发展的驱动力。通过研究和解读数据发现问题，历经质性研究、确诊问题，制订措施、行动改进，实践检验，持续推进这 4 个阶段，探索多元教育，追求品质教育的绿色高效发展。

### （二）整体把控，发现数据背后的共性问题与规律

依托数据分析平台、智能教研平台，我们按不同层级进行数据分析，包括平均分、优秀率、良好率、及格率等，了解各班成绩分布状况，结合多次考试班级发展情况进行判断。观察大规模考试中反常应答数据，诊断学校或班级的备考问题。直接利用平台数据，发现班级差异，展开讲评教学，弥补阶段不足，为教学管理提供依据。

### （三）精准学情跟踪，优化"三生"培养策略

通过对学生数据的持续跟踪，以多种曲线图、雷达图的形式呈现学生个人学力分析。结合学生知识失分原因分析、薄弱题型和知识点的统计，设置不同目标系数，寻找共性、反复性的问题，有效激励引导。建立学生错题库，收集高频错题信息，在下一阶段的训练和测试中进行有针对性地命题，开展反复回环训练，突破知识的痛点。除通过学科质量监测评价外，还结合相关因素问卷调查，包括学生自身因素（学生个人基本情况、学生学习压力情况、学习适应情况、学习策略情况、学习动机情况、学习效能感情况、问题解决能力情况、心理健康情况、品德行为情况、职业兴趣等），以及外在环境因素（学生家庭情况、学生师生关系情况、学生同伴关系情况、学生学校环境情况、学生课业

负担情况等)。通过对学生起点基线测试结果分析、学生背景问卷分析和学业成绩相关因素分析,形成起点报告和增值报告。这有助于我们分析学生学习的增值情况,帮助教学管理部门随时分析教育效能情况,检验教学干预对策是否有效,通过统合考量各方面因素及时进行策略的调整。

### (四)教研协同,提质增效

利用数据分析技术持续跟踪不同层面的学生学情,建立分阶档案,制订分层目标,实施分层教学,培优促尖,补弱提质。让优秀生开拓学科思维,提升应变能力,在课堂上的挑战性和获得感更强;强化临界生的规范性训练、提升其知识迁移和应用能力;加大对后进生课堂反馈、作业质量及基础知识掌握情况的关注力度,提高课堂及课后训练针对性和实效性。

## 九、结语

教育是一项用心的事业,"心正则行正"。从心出发,运用数据能让教育者看清现象、探寻规律、有效行动。教育须用心,而数据让教育回归理性、回归初心。以数导行、系统践行、知行合一。未来的教育一定会基于大数据、云平台、信息流,我们通过数据支撑下的软硬件环境和应用情境所做的实践,能让大数据为教育决策赋能,以数据驱动让教育的目标更加精准,让教育的行动更加科学。面对前所未有的信息化浪潮和大数据环境,教育管理者的思维必然产生深度变革,只有突破传统思维定式和狭隘眼界,建立数据化、多视角、全方位的开放性思维,用数据拓展教育视野,用数据优化教育管理思维,才能使教育更好地立足时代、面向未来,不断有新的发现和新的创造。用大数据推动教育深度变革,是新时代教育者的使命与担当。

• 参考文献

[1] 教育部. 国家中长期教育改革和发展规划纲要（2010—2020年）. [EB/OL]. (2010-07-29). http://www.moe.gov.cn/srcsite/A01/s7048/201007/t20100729_171904.htm1.

[2] 教育部. 教育部关于印发《教育信息化十年发展规划（2011—2020年）》的通知 [EB/OL]. (2012-03-13). http://ww.moe.gov.cn/srcsite/A16/s3342/201203/t20120313_133322.html.

[3] 教育部. 教育信息化2.0行动计划 [EB/OL]. (2018-04-18). http://www.moe.gov.cn/srcsite/A16/s3342/201804/t20180425_334188.htm1.

[4] 祝智庭, 贺斌. 智慧教育：教育信息化的新境界 [J]. 电化教育研究, 2012 (12): 5-13.

[5] 何克抗, 吴娟. 信息技术与课程整合 [M]. 北京：高等教育出版社, 2007.

[6] 李金洲. 信息技术与学科教学整合的思考 [J]. 中国信息技术教育, 2012 (5): 134.

[7] 翟永勇. 数字教材在数字化教学中的应用策略研究 [J]. 数字教育, 2020 (4): 28-32.

[8] 李凤来, 韩爱学. 技术提供支持：现代教育技术与应用 [M]. 保定：河北大学出版社, 2012: 8.

[9] 张琪, 李娟. 数字化学习社区：信息时代社区教育发展的方向 [M]. 北京：首都师范大学出版社, 2013: 84.

[10] 祝智庭, 钟志贤. 现代教育技术：促进多元智能发展 [M]. 上海：华东师范大学出版社, 2003: 68.

[11] 祝智庭, 王陆. 网络教育应用 [M]. 北京：北京师范大学出版社, 2004.

[12] 蔡慧英, 陈明选. 智能时代数字教育资源建设与发展研究 [J]. 现代远距离教育, 2019 (3): 68.

[13] 蔡慧英, 尹欢欢, 陈明选. 哪些因素影响教师使用数字教育资源？：透视智能时代我国教育信息化建设与发展 [J]. 电化教育研究, 2019 (7): 60-69.

[14] 陈建红. 农村中小学的数字化教学资源的开发策略 [J]. 现代中小学教育, 2013 (5): 75-78.

『百年名校正青春』

无界学习

# 第二章
## 家校共育

# 加强家校沟通，实现家校共育
## ——利用微信沟通架起家校合作的桥梁

李 静

中学一级教师，多次荣获全国中小学英语教师教学技能大赛全国奖，以及自治区级、市级中小学英语教师技能大赛一等奖；在教育部"一师一优课，一课一名师"活动中获自治区级优课；多次获得全国中小学英语教学成果论文评比和教学设计评比一等奖。

**摘　要**　学校教育和家庭教育，就像一辆战车前的两匹战马，相辅相成、缺一不可。成就一个孩子，是教师和家长共同努力的结果。因此，加强家校沟通，实现家校共育，能够促进学生的进步，助力班级的良好发展。本文基于班主任的立场，对多角度拓展家校合作进行了探索。

**关键词**　家校合作　家校共育　学校教育　家庭教育

著名教育家苏霍姆林斯基曾说:"两个教育者——学校和家庭不仅要一致行动,向儿童提出同样的要求,而且要志同道合,抱着一致的信念,始终都从同样的原则出发,无论在教育的目的上、过程上还是手段上,都不要发生分歧。"

如果说学校教育是孩子获取知识的窗口,那么家庭教育就是为孩子成长打开的大门。学校教育和家庭教育,就像一辆战车前的两匹战马,相辅相成、缺一不可。成就一个孩子,是教师和家长共同努力的结果。因此,加强家校沟通,实现家校共育,能够促进学生的进步,助力班级的良好发展。作为班主任,笔者特别注重与家长进行良好沟通,努力争取家长对学校工作的理解和支持。传统的家校沟通方式是打电话或家访。在互联网时代,校园网站、校区微信公众号、班级QQ群、家校微信群等方式让家校沟通越来越便捷。微信平台更是受到了越来越多教师和家长的青睐。微信好友、微信公众号、微信群等拓宽了家校沟通的渠道。我们应该更有效地利用微信平台,形成家校合力,共同促进孩子的健康成长。

## 一、利用微信促进家校共育的实践

### (一)运用微信推送信息,让家长了解学校的各项工作

学校经常下发各种通知,这些通知需要由班主任传达给学生家长,每次笔者都及时在微信群传达学校各项工作的通知。为了避免被刷屏,笔者还专门建立了一个免回复群,让所有家长都可以及时看到相关通知。比如每次公布放假通知时,笔者都会把学校放假时间、返校时间及注意事项等发到微信群里,把学校微信公众号的文章推送到微信群里,这既能让家长及时了解学校、班级的工作安排,也能让学校和班级的各项工作很快地得到家长的理解和支持。新冠疫情之下,孩子们居家学习期间,笔者把每天的学习安排和作业发布到微信群里,方便家长下载或打印出来,交给孩子并督促他们完成学习任务。

### （二）利用微信展示孩子在校表现，让家长关注孩子的成长

校内有活动时，笔者经常会在家校交流群里发一些孩子参加活动的照片或视频，比如上传红歌比赛排练、三人四足活动、拔河比赛、篮球比赛、早午读情况等视频或照片。有些孩子没按时完成作业，中午或傍晚要留下来补写作业，笔者会私聊家长以告知情况，让家长了解孩子的作业情况；还把孩子的周测、期中考试、期末考试成绩私下发给家长，让家长了解孩子的成绩。遇到孩子做了好事或有其他表现优秀的地方，笔者都会在微信群里公开表扬，让家长为孩子感到骄傲。每到周末，笔者就用文字总结一周里班级举行的活动，记录孩子们本周内取得的进步，记下自己的所想所悟，从第十周写到第二十周，总共记录了13000多字。这既让家长更好地了解孩子在学校的表现，也加强了笔者与家长之间的沟通。家长看了总结后，也会发表自己的看法或私聊笔者，聊聊有关孩子的事情。这种用文字总结的方式架起和家长的沟通桥梁，深受家长的赞许。

### （三）利用微信与家长互动，了解学生在家的表现

班主任只能看到孩子在校表现，想要知道孩子在家的情况或某些在校行为背后的原因，就需要经常与家长保持联系、与家长沟通，让家长告知家庭的情况以及孩子在家的表现。新冠疫情期间，在家庭环境下开展的居家学习，教师的主导作用弱化了，家长在孩子学习方面的作用强化了。教师基本上看不到孩子的听课情况，不知道孩子是否在认真学习，更谈不上监督了。这时候，教师需要家长的配合，才能更好地保障孩子的学习效果。有些孩子不按时进入答疑直播间或不按时上交网课作业，笔者就会和家长私聊，以了解孩子在家学习的状态，与家长沟通，探讨应对策略，共同教育好孩子。

### （四）利用微信分享教育理念，凝聚家校教育合力

除学校外，家是学生最主要的活动场所，家庭教育的水平直接影响学生的身心健康发展水平。为使家庭教育与学校教育能形成促进学生发展的合力，笔者会经常在群里与家长分享一些有关教育的好文章，让家长掌握先进的教育理念和教育方法，让家长意识到家校合作的重要性，进而配合学校的工作，支持

学校的工作。

## 二、利用微信实现家校共育

### （一）建立微信读书分享群

阅读是家长提高教育水平的最佳途径。组织几位愿意读书、爱分享的家长在微信群里营造读书氛围，特别是写读书收获、读书心得，可有效激发其他家长的探究欲望。将家长们的读书心得等在班级中展示出来，希望孩子能在家长的潜移默化之下，慢慢地爱上阅读。

### （二）开设班级微信公众号

将优质的教育视频、文章转发到微信公众号上。鼓励家长经常到微信公众号里阅读、查阅资料或者留言，拓宽家长学习渠道。除转发文章外，笔者还会把自己写的周总结，以及定期梳理的班级内发生的精彩故事，一并发布到班级微信公众号上。

### （三）创建班报

笔者在班级中创建了班报，用以记录孩子的成长足迹，每月一期，以电子文档的形式发到微信群中与家长共享，同时打印一部分内容，将其放在教室的书橱中，供孩子业余时间阅读。

## 三、家校共育的新展望

在孩子的成长过程中，家庭是第一个学校，家长是孩子的第一任教师，也是永远的教师，家庭教育的好与坏很可能直接影响孩子的一生。苏霍姆林斯基说："只有学校教育而没有家庭教育，或只有家庭教育而没有学校教育，都不能完成培养人这一极其艰巨而复杂的任务。"由此可见，教师和家长要多沟通，互相尊重、互相支持，家校关系和谐了，孩子的教育之路也就顺畅了。家长和教师越共同发力，对孩子的教育就越成功。在教育路上，笔者愿意继续加强家校沟通，实现家校共育，与家长站在统一战线上，为了孩子的未来，全力以赴。

# 家校共育模式下的德育教育模式构建

黎文平

初中部青秀校区政教处副主任和2021级年级组长,曾获得全国"民教杯"说课比赛一等奖和南宁市优质课一等奖。

**摘 要** 教育是全社会的共同职责,社会各方面都要承担起自己的职责,以促进学生的发展。诸多研究成果表明,把学生的教育工作全部交给学校,既不合理,也不明智。新时期,学校、家庭、社会都要肩负起对学生的教育重任,重视对学生进行思想品德教育,建立健全的德育教育模式,促进学生的品德修养,培育具有健全人格、责任心和道德观的新一代青少年。本文旨在探索南宁三中初中部青秀校区在思想品德教育中以家校共育促进初中德育工作的一些具体策略,以期对提升初中生的德育工作起到一定的促进作用。

**关键词** 家校共育 德育教育 构建

## 引 言

学校是一个人的人生起点。在实施德育教育时,学校既要把德育教育贯穿于教学之中,又要与学生的父母携手合作,以贯彻家校共育的理念。本文从多个方面对家校共育的德育教育模式构建进行了探析,以期促进德育教育模式的构建。

### 一、家校共育在初中德育教育模式构建中的重要性

家校共育是一种新型的教育衔接方式,它既能让孩子得到关注,又能让家长了解到孩子的真实状况。在学校和家长形成密切沟通后,可确保家长及时掌握孩子的受教育方式、学习状况和身心健康,实现学校和家长的密切沟通,教师和家长要充分认识家校共建共育的重要性,增强双方合作共建德育的意识,只有这样才能使德育途径得以畅通,德育效果得到呈现。如果学校和家庭对学生的教育有不同的看法,那么必然会相互冲突、相互抵消,从而给学校的教学、管理造成各种困难,并影响到学校的教学效果。因此,家校共育是促进学生健康成长的催化剂。当前的初中德育教育一般采用传统的教学模式,但效果不佳,不能全面提升学生的综合素质。因此,要加强对学生的教育,就要主动创新,用家校共育的方法来提升学生的学习品质。在实践中,通过家校共育的方式,可以促进学生今后的学业发展,并有效提高学生的综合素质。家校共育可加强师生、父母子女之间的情感纽带,让家长有效地了解学生的学习、生活、心理状态,采取相应的对策,使学生与教师、家长之间建立起密切的联系,从而提高学生的学习质量。①

---

① 折俊:《基于初中家校共育的学生德育工作探究》,载《新智慧》2021年第6期。

## 二、家校共育模式下的德育教育模式构建的策略

### （一）强化沟通交流，提高德育教学效率

在实施家校共育机制的前提下，要充分重视现代教学手段的运用，确保家校交流畅通，利用信息化技术构建便捷的沟通渠道，这对德育教育活动的高效开展具有积极意义。因此，首先，我们可以根据学生的实际学习和生活情况，对学生的心理状态进行分析；其次，结合学生的思想道德表现，对学生的思想道德建设进行分析；最后通过电话、微信、QQ等交流互动的方式，形成家校互动的机制，在沟通交流方面进行强化。这对提高德育教学效率有所保障。

### （二）家庭教育进行自身优化辅助学校德育教育

在家校共育的实施过程中，除了要充分利用学校的教育功能，还要注重家庭的教育。对于初中生来说，家庭教育对于学生的成长具有很大的影响。初中是一个非常关键的阶段，学生的思想还没有完全成熟，在家庭教育中，家长要多注意学生的言谈举止，同时要以身作则，让孩子在家庭中养成良好的行为习惯。家庭环境对初中生的影响是不一样的，所以要把创造性的思想融入教育的实践中，父母就要不断地学习，不断地提升自己的教育水平，只有这样，父母在思想才能跟上初中生的思想，父母与孩子学生之间的联系也才能更好地进行。[①]

### （三）家校结合互助，加强初中德育教育

德育教育不仅仅是由学校来承担，家庭也承担着很大的责任。在现实生活中，学生的德育教育首先是由家庭来完成的，父母是学生的"第一位教师"，学生的道德意识在不知不觉中受到父母的影响。在升入初中后，学生在学校的时间短，大部分时间都待在家里。在这个过程中，学生不断地检验、实践学校的德育教育，并不断地受到父母和其他家人的影响。父母应正确把握家庭教育

---

① 李磊、赵晓鹏：《家校共育下初中学生的有效德育研究》，载《启迪与智慧·下旬刊》2020年第7期。

和学校教育的差异，有针对性地给孩子进行积极的德育教育，培养其符合时代发展需要的德育理念和价值观。学生对父母有着天然的亲近感，家庭可以更好地实施德育教育。但是，由于家庭德育的质量难以完全把握，大多数父母没有专业的教育技能，因此学生的思想境界和道德水准存在很大的差别。同时，作为一项独立的教育工作，德育教育必须有自己的独特的教育方式与制度，而家庭教育又缺乏规范性、严谨性，必然会影响到家庭德育教育的整体水平。①

### （四）家校共育在新形势下的变革

在现在疫情常态化的背景下，以往传统的在学校召开家长会、小型见面会等方式已经受到影响，家校线下联系受阻。为此，在南宁三中初中部青秀校区（简称本校区）也在不断拿出新的方案来应对。因为家校共育必须家校思想统一，大家目标一致，这样才能使教育效果最大化。在新形势下，本校区积极与家长联动，采取了多种形式，如线上直播、家庭会议、在校外租借场地、在校门口"摆摊"、多人视频连线等方式进行沟通，从结果来看，也确定取得了想要的效果。

要使初中思想品德教育得到全面的贯彻，使当代学生思想品德素质得到全面提升，就必须加强家庭教育和学校教育的双重作用。首先，要培养学生的文明礼貌素养。这是德育教育的出发点和具体体现，是现代社会中学生参加社会活动、进行人际交往的必备条件。在家庭教育中，父母要教育子女尊敬亲人、尊重朋友；在学校里，教师要让学生学会尊重师长、尊重同学。只有这样，在步入社会之后，学生才可以在语言和行为上约束自己，在尊重别人的同时，也可以得到别人的尊重。②

家庭教育和学校教育在培养学生的道德上起着重要的作用。这些制约不是来自外在的法规，而是来自学生的内心。学生的言行是否合适、是否正确，都

---

① 刘颖：《浅论初中德育中家校共育的问题及完善方案》，载《祖国》2019年第22期。
② 龙琼芳：《家校共育视角下提升初中生感恩教育有效性的策略研究》，西南大学2022年硕士学校论文。

要经受个人内心的检验。家庭和学校的双重作用可促进学生的健康成长，这样，当他们从学校和家庭走向更宏观的国家和社会，从而形成爱国情怀和社会责任感。

## 三、结语

综上所述，学校、家庭、社会三方面都影响着学生的品德修养。优化社会的风气虽不可能一蹴而就，但学校和家庭的德育管理却有一定的规律，学校和家庭要主动担负起德育的职责，努力提高学生的德育素质，为学生的全面发展提供充分的动力。

# 第三章

## 社会实践

# 教育戏剧视域下中学语文与音乐学科融合的实践研究
## ——以南宁三中课本剧大赛为例

杨 彬

南宁三中团委书记，2020—2022年南宁三中优秀教师，2022年获南宁市优秀共青团干部荣誉称号。

**摘 要** 在教育戏剧视域下，结合语文与音乐学科的特点进行跨学科融合，对中学生的核心素养发展具有促进作用。语文与音乐课程兼具文学性、艺术性的特性，二者关系密切。因此，以课本剧为载体，践行"读研悟行"的教学模式，开展语文与音乐的融合教学，对培养学生的文艺审美能力大有裨益。这既可以为学生营造出更具情境的语文和音乐课学习氛围，又能积极培养学生的核心素养，进而促使他们更好地传承中华优秀传统文化。

**关键词** 教育戏剧 中学语文 音乐 学科融合 课本剧

最早将教育戏剧引入我国的剧作家李婴宁认为，教育戏剧是一种将戏剧手段运用于教育教学的方法。在教育戏剧视域下，语文和音乐学科的融合有利于传统教学方式的转变。本文通过探索教育戏剧运用于课本剧的有效策略与"读研悟行"教学模式的可操作性，在学科融合中渗透诗意情怀，以课本剧为载体，旨在培养中学生的学科核心素养。

## 一、学科融合下传统教学方式的转变

《尚书·虞书·舜典》有言："诗言志，歌咏言。"意为诗是表达人的思想情感的，歌是唱出来的语言。这句话很好地阐述了语言与音乐相互影响、相互补充的共生关系。语言与音乐都是对生活中美好事物的表达，是创作者内心情感的具现，二者的巧妙结合形成了独特的人文审美艺术。

这样的关系可以迁移到语文和音乐学科的融合教学上。《普通高中语文课程标准（2020年修订版）》提到，在当下的语文课堂中，语文课的基本理念之一就是"以核心素养为本，推进语文课程深层次的改革"。语文核心素养的培养目标与教育戏剧的教学追求紧密关联，在语文戏剧单元践行"读研悟行"的教学模式，有利于逐步提升学生的语文核心素养。读，即通过引导学生在所学的语文课本内广泛阅读，再选一篇课文精读，在合作中编排、表演课本剧，进而营造一种平等的学习氛围；研，即激发学生文学阅读兴趣，在阅读课本剧中发现问题，以问题导学，深入研究揣摩人物性格、矛盾冲突等方面，达到提高学生文化素养、创新能力的目的；悟，即引导学生在独立思考和合作研究中感悟戏剧人生，深度解析作者的创作意旨和思想情感；行，即通过学生对课本剧的再创作，将作品人物舞台具化，培养学生的合作探究精神，提高文学和音乐的审美能力。"读研悟行"在课本剧的落地，使学生从被动学习转为主动学习，在表演中厘清人物关系，去体验课本剧中配乐所蕴含的情感，理解音乐所蕴含的文化感受，探究人物的精神世界，从而更好地领会课程的主旨与艺术价值。

当前，受中高考"指挥棒"和课时等多因素的影响，语文课堂主要还是以讲授法为主，尤其是写作与文言文，重识记、轻体验，多训练、少审美。语文的基础教育和文化育人功能并没有完全发挥出来，因此亟须转变传统的教学方式，让语文课堂活起来，促进学生从被动接受向主动学习的转变。

在语文课中融入音乐课的声乐、表演课程，就是一种跨学科、创新教学方式的有效探究路径。在语文、音乐融合的课程中，让学生在剧本的"读研悟行"中逐步揣摩每一个场景所需要配置的音乐，进而尝试对作者的创作意图进行深度思考。课本剧中语文与音乐的交融，对学生丰富人生体验、感受和理解不同时代和地区的文化起到了良好的催化作用。这是传统教学法所不具备的优势，充分提高了学生自主、合作与探究的积极性。这样的学科融合，是对我国古代传统诗乐文化的继承，更是对新课程标准所提倡的"提升学生的审美感知能力，增强学生的艺术表现力"要求的有效实践。

课本剧丰富了学生的情感体验，使其脱离了传统讲授的刻板性，能让学生在文学和音乐中潜移默化地受到美的熏陶，提高其人文审美意识的自觉性、生活性和创造性。教育戏剧视域下的课本剧创设了综合性的学习情境，是落实提高学生核心素养的优秀载体，也是对传统教学方式的积极转变。但我们也要认识到，学生在课本剧编排演绎时的自主性是离不开教师依据教育认知规律循循善诱的。

## 二、教育戏剧运用于课本剧的有效策略

### （一）活动编排，兴趣渗透

兴趣是最好的老师。在教育界，高中语文教学中普遍存在写作课堂和文言文课堂讲授难的窘境。当前的作文教学存在问题不少：教师教套路、学生写套话，在僵化的议论文训练模式中学生缺乏自己的感悟与思考；文言文课堂教学方法更多沿袭传统的讲授法，逐字逐句翻译课文或串讲课文，教学方法单一而

僵化。

  针对这样的现状，我们的方案是以讲故事或既有的文言故事为依托，由教师引导，再借由学生讨论、表演等形式构建属于自己的故事，如对《记念刘和珍君》《长恨歌》《茶馆》《俄狄浦斯王》《雷雨》等经典篇目进行合理的改编。依据班级的兴趣点，师生共同学习，选择篇目进行自主改编、创作和表演。教师对剧本创作的引导要明确：剧本内容在忠于原文的基础上可以有所创新，但不允许恶搞；每个参赛队伍需要上交完整剧本；剧本中应有明确的分工安排；剧本需要符合戏剧的基本写作格式；剧本需要源自课本（高中语文必修或选修），可以将戏剧单元之外的课文改编成剧本等。

  明确的引导可取得良好的效果。例如，学生创造性地将宋词《念奴娇·赤壁怀古》改编成课本剧。《念奴娇·赤壁怀古》是宋代文学家苏轼豪放词的代表作，这首豪放派的词仅百来字，学生对"故国神游"一句非常感兴趣：神游故国，苏轼看到了什么？为什么会发出"多情应笑我"的感慨？产生兴趣后，学生化身小编剧，以此为切入点，根据原诗内容的"故国神游"一句大胆做了新的设想：苏轼被贬黄州，在游览黄州名胜赤壁矶时拾到一把古剑，误入古剑的记忆，得以神游赤壁之战。这番设想借用"穿越历史"的艺术外壳，巧妙地勾连了唐代杜牧《赤壁》的"折戟沉沙铁未销，自将磨洗认前朝"一句，以课本剧的形式再现了"大江东去，浪淘尽，千古风流人物"的岁月流逝、物是人非之感。学生经过"读研悟行"4个步骤，将课文改编成"朝堂论争""儿女情长""火烧赤壁""黄粱一梦"四幕剧，重现了苏轼对古代战场的凭吊和对风流人物周瑜"雄姿英发""谈笑间，樯橹灰飞烟灭"的追忆，委婉地表达了作者老大未成的忧愤之情和关注历史、人生的旷达之心。可见，"读研悟行"模式很好地激发了学生的兴趣，使课堂增添了生动性与创造性。

  课本剧表演活动面向全体学生，设置导演、编剧、演员、灯光师、化妆师、道具师、摄像师等分工，提高学生参与度，充分尊重学生的主体地位。课本剧的编排注重展示学生自身成长的过程。在保证完成一台完整课本剧的基础上，剧本的编排要考虑学生的角色差异，关注学生的不同性格、兴趣，因材施教，考虑到不同学生的个性发展需求。

### （二）文艺结合，学科渗透

惯于使用形象思维来感知和认识外界事物是学生认知的特点。因此，教师应结合学生的学情、学科特点来组织课本剧活动，将音乐学科内容融入其中，在激发学生学习兴趣的同时也使得语文课堂更具艺术性。例如，在《项羽之死》一文中，表演的舞台动作要与音乐契合，通过播放古代楚地的民歌和现代古风流行音乐《虞兮叹》，能让学生更好地体会到项羽被围垓下、霸王别姬、四面楚歌的悲壮之情。在《荆轲刺秦王》中，荆轲与太子丹"易水诀别"和秦国宫殿上"图穷匕见刺秦王"这两幕，要特别重视在课本剧的编排过程中发挥文学的联想创造功能，探索出古人笔下未写出的情景，结合应景的音乐、道具、台词来演绎当时的情形。

为达成学科融合所追求的情境效果，班级须演出完整的剧目；从课堂的有效性来看，演出时长不宜超过15分钟；为保证演出效果，初赛建议准备服装、妆容，场上的相应道具由各班根据对文本的解读自行准备；播放的音效要通过排练来卡点，穿插的场景转换音乐要慎重选择，要服务于课本剧的主题。

### （三）价值导向，情感渗透

要呈现一台精彩的课本剧，离不开对教材的全面解读，教师必须始终坚持教材中的价值导向。编写剧本、表演等方面都要依据原文，不能背离文章的旨意和曲解作者的原意，在此基础上才能进行合理创新。如此一来，在学生进行剧本创编前，教师带领学生进行文本解读很有必要，包括课文的时代背景、作者介绍、主要人物形象、故事情节等的解读，引导学生更好地知人论世、因声求气，从整体上把握文章篇目的价值取向。

课本剧的编演要注重价值的正确导向。具体体现：引导学生忠于原作，剧本情节清晰，主题明确，内容健康积极；服装、道具齐全，满足剧情需要，忠实于原作的情感导向，符合主流价值观。例如，教师以《项羽之死》为例对学生进行价值引导：项羽为何在有船可渡的时候仍拒绝渡过乌江？原文提到项王"乃欲东渡乌江"，可见项羽也是想活命的。但他觉得，他生命中有比生命更重要的东西，这些构成了他的底线。在江山、生命与高贵、尊严间，他选择了高贵，选择了尊严。朱光潜先生说，悲剧中的英雄在面临毁灭的情况下，仍能保持活力与尊严，向我们揭示出"人"的价值。

剧本的主题内容要求健康向上，富有思想性和启发性，具有一定的现实意义。剧本情节要求完整连贯，富有戏剧性，多种手法灵活搭配使用；情节矛盾突出，具有较强的吸引力和感染力。人物刻画要求特点鲜明，对人物心理有深刻解读，刻画时既有共性也有个性，可给人留下深刻印象。

## 三、课本剧跨学科融合渗透诗意情怀

教育戏剧将戏剧手段运用于教育教学，融合了语文和音乐的校本课程，让学生在角色扮演、即兴表演、感悟探讨等环节中，通过共同参与的戏剧活动达到渗透诗意情怀、提高审美的教育目的。

2016—2021年，南宁三中初中部五象校区通过与音乐学科的融合来创设语文课堂教学情境，寓教于乐，已经成功举行了4届新星之火杯课本剧大赛。将课文呈现的历史人物和事件迁移至舞台，是语文和音乐跨学科融合课程的外延。在第四届新星之火杯"戏如人生"课本剧大赛上，高二年级的师生们齐心协力把语文课本剧搬上了舞台。通过语文教师们前期对改编、排练、服装、化妆、道具的指导，再加上校园艺术中心的声光效果，学子们在舞台上化身一个个历史典型人物，将语文课本上经典的课文演绎得淋漓尽致，为全体师生呈现了一场充满诗意审美的视觉盛宴。

下面是根据人教版《高中语文（必修二）》中的乐府诗《孔雀东南飞》改编的课本剧节选：

（灯光亮）

旁白：刘兰芝嫁入焦家后，恪守贤妻本分。可是焦母对她的态度却越发不满。

（焦家）

刘兰芝（手忙脚乱）：嘶！（弄掉了织布机上的布，砸到了手，吹着手止痛）

焦母（气急败坏地走出来）：刘兰芝，你又干不好活了是吧！

刘兰芝：母亲您误会了！我每天晨起，鸡鸣的时候就进入机房织布，常常纺织到半夜三更，三天就能织出五匹布，可是您还是嫌我不勤快，这样……

焦母（打断刘兰芝的话并上前抓住她的手）：你别解释了，你走！（走向织布机，抚摸织布机，故意不看刘兰芝）哪来这么多理由，不想干活就出去，别想着弄坏我家的织布机！

（焦母下场，焦仲卿上场，刘兰芝哭泣）

焦仲卿（见状立马蹲在刘兰芝身旁安慰）：夫人，你这是怎么了，为何如此伤心？

刘兰芝（整理衣裳，面向观众）：仲卿，自从我嫁到你家，恪守本分，在家中日复一日地纺织，从早到晚，从未松懈。本以为我和你真心相爱，相互扶持，就能过上安稳日子。可不知为何，婆婆的脾气一日不如一日，我究竟做错了什么，竟要落到如此地步……

焦仲卿（无奈）：唉，母亲她年纪大了多有不顺心，你多体谅着些，别惹她生气。

刘兰芝（站起来，走离焦仲卿）：我哪里敢惹婆婆生气，妾一直遵循夫为妻纲，可如今……

焦仲卿（惊讶且心疼）：啊……（沉默，为难）

刘兰芝（做悲痛状，引起焦仲卿心软）：也罢……婆婆脾气暴躁我也知道。让你哄她也是为难你了。

焦仲卿（走到刘兰芝后面，手搭她肩）：那我和母亲商量商量，看看她的态度如何吧，（把刘兰芝转过来）好吗？

刘兰芝（把手搭在焦仲卿之上，压低他的手）：那好，不过你一定要注意分寸，别再多惹母亲生气了。

焦仲卿：嗯，你放心吧。

从学生改编课本剧的活动感受和反思来看，平日里的课文通过"读研悟行"的有梯度的合作探究，最后演绎成了一台台好看的课本舞台剧，让书本上的历史人物"活"了过来，学生更能感受到文字背后的人生百味与独特感受。改编课本剧体现了语文和音乐学科共有的实践价值，能全面提升学生的核心素养。在提升核心素养的同时，学生在演练实操过程中逐步培育了自己的语文与音乐相互融合而成的诗意情怀。

语文的诗意情怀若是只能靠灌输，原有的诗意一定程度上也会在灌输的过程中弱化、失真。到了高二年级，学生的审美能力与感受力提高了，结合课本内容，人教版《高中语文（必修四）》的戏剧单元是对世态人生的描述，依据课文的内容来引导学生体会戏剧这种文学体裁中蕴含的诗意，布置学生从《高中语文》课本中找到自己喜欢的篇目进行改编，形成剧本；在班级内部招募演员的环节，"导演"遇到了一些困难，有一些同学很适合剧本里的角色但本人不愿意参演。"导演"再次跟这些同学沟通的时候，巧妙运用了语言艺术，最终说服同学们参演，这不正是语言魅力的体现吗？这样的沟通正蕴含着诗意的情怀。

把课本剧搬上舞台，整个过程中学生既可获得编写剧本带来的成就感，也可以通过表演来更进一步感受文学的魅力，增加自己的诗意情怀。经过"读研悟演"这4个进阶式的活动体验，语文教师们惊喜地发现，在平时的作业、周测、课堂发言及写作等方面学生的诗意情怀得到了一定的提升。

以学生为主，开启诗意之旅。学生第一次筹备课本剧的表演，台前幕后的准备过程中遇到很多意想不到的困难，这是一场戏剧寻幽探胜之旅，也是一场寻找语文音乐的诗意之旅。例如，《火烧赤壁》中战船铁索连环的场面制造、《林黛玉进贾府》中贾府场景的高度还原等，这些都是学生积极主动地创造、发挥自身想象力的体现。

今后，表演者也不能只是局限于那几名较为活跃积极的学生，更应面向每一名学生，力争让每一名学生都能在演出中占有一席之地。课本剧编写的情感渗透与审美熏陶形成了诗意沉浸式的基本框架模式。美中不足的是，课本剧的编写与排练耗时较长，学生多利用课后碎片化的时间集中排演，以致活动周期较长。课本剧的现场效果受灯光、舞台、音效、服装、道具等多方面的制约，还需要通过更多的实践来总结经验，加以改进。

以教师为导，孕育诗意灵魂。虽然课本剧以学生表演为主体，但幕后的语文教师们也在积极地引导，在人物性格、语言的体味与揣摩中督促学生彩排训练；携手音乐教师，共同培养学生的艺术兴趣和特长。课本剧表演融合了听、说、读、写的实践，可多方面促进学生个性化阅读以及合作性表达，充分挖掘教材中的诗意路径。学生通过自创、自编、自导、自演的形式，使思维得到发展和提升，在语言的重新建构中提高审美能力，进而提高自身核心素养，不断形成独特的语文和音乐校本融合课程，更好地引领师生们传承创新中华优秀传统文化。

• 参考文献

[1] 王毅. 学校教育戏剧研究［D］. 上海：华东师范大学，2019.

[2] 马凯. 以课本剧为载体的教育戏剧实践研究：以J学校为例［D］. 上海：上海师范大学，2019.

[3] 张青民. 学科融合教学背景下的资源破界与整合［J］. 教育理论与实践，2021（32）：51-54.

# 浅谈中学生社会实践活动教育
## ——以志愿服务育人模式为例

黄艳婷

体育教育学兼应用心理学研究生，南宁三中少先队大队辅导员、体育备课组组长、VOT啦啦操队教练，带领的校啦啦操队荣获全国全民健身操舞大赛花球组第一名、全国啦啦操联赛总决赛技巧动作组第一名。

**摘 要** 中学生是祖国未来发展的中坚力量，是未来担当中华民族伟大复兴大任的时代新人，习近平总书记曾多次强调学校开展实践教育的必要性。新时代，志愿服务作为中学生实践教育的重要组成部分，是学生建立正确的思政理念的重要切入点，也是引导学生成为担当民族复兴大任的时代新人的重要途径。

**关键词** 中学生 社会实践 志愿服务 育人模式

中学生是祖国未来发展的中坚力量，是未来担当中华民族伟大复兴大任的时代新人，习近平总书记曾多次强调学校开展实践教育的必要性。新时代，志愿服务作为中学生实践教育的重要组成部分，是学生建立正确的思政理念的重要切入点。

## 一、以"志愿服务"为载体的育人模式构建

### （一）加强建设，全员育人

学校根据实际情况，划分学生的不同阶段与志愿服务的类别，低年级的学生更需要注重常规的公益活动，且低年级志愿服务注重行为习惯的养成与服务社会意识的引导；高年级学生注重公益服务、常规服务与专项服务，高年级志愿服务注重实践与专业化，范围更广、更深，学校应引导学生学以致用，以实际行动回报社会。在服务志愿活动中，学校需要抓好党员教师、团员教师、大（中）队辅导员、专业教师以及班主任5支专门力量，发挥党领共青团、少先队的建设与联动作用，把正确的政治思想教育贯穿于志愿服务与社会实践之中，做到全员育人、全员参与、全员管理，从而形成长期、有效育人的合力，成为加强学生社会责任意识和提高综合能力的实际行动。

### （二）多方联动，全方育人

多方联动社会资源，是学生志愿服务与社会实践的重要途径。一般来说，学校采取的机制有校校联动机制、校地联动机制、政校地联动机制。在新时代的社会治理中，社区是重要单元，让志愿服务走进社区、走进乡村、走进基层，已成为广大青年服务党和国家大局的重要方式。例如，校地联动机制，校党支部每学期要求团委、少先大队围绕学校德育工作目标，开展丰富多彩的系列志愿服务与社会实践活动，将活动分成不同的类别，按实际目标阶段推进、多方联动，取得思想政治德育工作的实效性。利用重要纪念日与"学雷锋"月开展

系列志愿服务与社会实践活动：3月，"学雷锋"月志愿活动，开展"守护母亲河""垃圾分类宣传""社区公益活动""疫情防控守卫战"等志愿服务与社会实践活动；5月，五四青年节以及红色纪念活动，通过志愿活动等形式，学校少工委聚焦传承红色基因和革命传统教育，开展扫墓祭英烈、英烈纪念地事迹宣讲、"红色诵读"、"红色革命传唱"等活动；9月，体育节、科技节；10月，国庆节革命歌曲比赛。学校团委、少先队大队充分发挥引导作用，各项活动均以学生为主体进行主持与组织参加。弘扬正能量，锻炼学生的社会实践能力，大大提升学生的主人翁意识，丰富学校社会实践文化宣传形式。

学校根据实地情况与周围社区联动，带领学生深入学校周边社区与街道，积极开展垃圾分类宣传、清扫街道、爱心服务、关爱孤寡老人等服务；依托学校社团建设，设立志愿服务爱心站点，以班级形式或志愿服务队形式开展定期志愿服务，组建小分队进行实践与宣传等。根据实地情况，学校丰富志愿服务内容与形式，促进学生了解社会情况，注重政治思想理念建设，把正确的思想理念融入志愿服务中，引导学生在志愿服务与社会实践中成长，最终实现全方位育人的目标。

## 二、以志愿服务为载体的育人模式效果

### （一）增强学生社会责任意识与主观能动性

志愿服务与社会实践能帮助学生了解社会情况与国情，增强学生对社会与国家的责任感和使命感。为提高学生主观能动性，把实践活动和志愿服务有效结合，学校根据不同年龄段学生的心理特征制订了明确的目标与计划，有效提高了学生的参与度与志愿热情。学校根据发展，不断创新志愿实践内容与形式，拓展展示的平台，与校团委、校少工委共同制定志愿服务考核与奖励机制，全方面增强学生参与志愿服务与社会实践的责任感、荣誉感，以及增强学生主观能动性。

### （二）促进学生综合能力提升

志愿服务社会实践活动可以促进学生个人能力的提升，以志愿服务为平

台，学生可以体现自身的能力与综合素养，在不同的实践领域发挥自身的优势与作用。这不仅是为社会贡献自己的力量，也是自我实现价值的需要，还能让学生在一定的实践平台展示自我价值，培养自信心，从而提升其社会奉献精神和参与社会活动的责任意识。志愿服务与社会实践涉及多领域内容，如紧急救护知识、口头表达能力、社交能力、垃圾分类知识、健康医疗知识等，在实践过程中就需要学生认真领悟实践任务并完成，从而在潜移默化中不断拓展自己的知识面与技能。同时，参与志愿服务与社会实践活动都是亲身参与社会发展中的事物，学生通过接触不同的人，能增强对事物的判断能力与自主能力，加深对社会的正确理解，自觉弘扬社会正能量，增强爱社会、爱祖国、爱学校的正确认识，能够充分提升个人综合能力与责任感。

## 三、以志愿服务为载体的育人模式

### （一）建立正确的德育理念意识

形成一种有效的育人模式是一个长期的过程。[①]志愿服务与社会实践是德育实践工作中的重要途径与载体，教育工作者需要建立正确的德育理念意识，"立德树人"是德育工作的根本任务，学校要把德育工作落到实处，就要以学生发展为本，通过志愿服务与社会实践引导学生建立正确的社会价值意识，促进学生身心健康发展，提升学生的主观能动性。在实践过程中，需要避免形式化与片面化，要注重学生在实践过程中行为习惯的养成与综合能力的培养，不断在实践中发现难题、解决难题，通过志愿活动与社会实践引导学生树立正确的价值观。

### （二）确立正确的德育目标

要促进德育教育，就需要确立正确的德育目标。以学校为例，校内学生来自各个不同的地域、不同的年龄阶段，德育目标需要符合不同学生的需求，这样才能有效促进德育工作的推进。在实践育人的过程中，教师应当注重因材施

---

① 陈欣：《探讨如何提高高职学生思政教育的实效性》，载《知识文库》2018年第16期。

教，根据学生发展的不同状况，确定不同的实践目标，采取分类指导的方式，将学生个人综合能力的提升作为实践活动的核心内容。因此，在开展德育工作过程中确立不同的实践目标，以及不同的实践内容、模式，是把德育工作落到实处且有效推进的重要内容。

### （三）建立长效合理的配套机制

实践育人的根本在于建立"能力本位、专业结合、贯穿全程、分阶段实施"的科学育人体系，这是一个长期的过程，需要多方配合进行数据收集与反馈，从而更加有效地育人。[1]此外，建立科学、简明、便于操作的评价体系是德育过程中需要思考和研究的重点。[2]例如，建立有效的激励评价机制，在志愿服务与社会实践活动中建立长期有效的激励评价机制，激励性的评价是提高学生主观能动性的重要机制，推动学生在志愿服务与社会实践中长期发展的重要方法与保障。学校可以采取学生互评、学生自评、教师评价等多元化评价方式，注重实践过程中的动态评价，注重校内资源与校外资源的整合实践评价，学校评价与社会评价相结合，实现志愿服务育人模式的发展目标，在过程中不断优化，全方位提升实践育人效果。

## 四、结语

在中学生志愿服务与社会实践中，通过加强建设全员育人、多方联动全方位育人，构建以志愿服务为载体的育人模式，对于增强学生社会责任意识与主观能动性、提升学生综合素质都具有重要意义。此外，以志愿服务为载体的育人模式还需要注重德育教育，建立正确的德育理念，根据学生不同的阶段制订切实的实践目标，建立长期有效的配套机制。只有在不断的实践过程中发现问题、解决问题，才能让志愿服务育人模式起到长期有效的作用，达到育人目标，为社会培养堪当民族重任的人才。

---

[1] 费拥军：《高校实践育人路径的优化探究》，载《教育与职业》2014年第9期。
[2] 李鹏飞：《对深化高校实践育人的思考》，载《教育与职业》2014年第29期。

# 后记

滕 雪

中学高级教师,南宁市教学骨干,南宁市优秀教师,南宁市优秀班主任,南宁市教育局优秀共产党员,南宁市英语学科中心组成员。

《无界学习》一开始并不在"百年名校正青春"丛书的计划书目里。它是在一个月前的丛书编写工作布置会上才被确定增加的。时间紧、任务重,本书从构思到形成初稿仅有一个月的时间。接到编写任务后,编写团队迅速召开研讨会,商定目录,确定分工,查阅文献,收集材料,着手写作。

本书中的"无界学习"界定为学科无界、学段无界、场域无界、资源无界。这是南宁三中多年教育教学的实践和创新的成果,也是在面对新形势、新机遇、新挑战的全新教育环境下,对如何培养未来人才这一课题进行的思考和探索。

## 一、学科无界

学生的生活是完整的,但在传统的常规教学中,教学活动都是分门分科进行的,教师"孤立"地教,学生"孤立"地学。这就很容易使学生的知识结构变得孤立、死板,致使学生不懂得学科知识间的相互联系,从而影响学习效果。因此,跨学科开展课堂教学,配以跨学科的课后活动,有利于学生开阔视野,提高学习效率,提升综合能力和思维品质。当然,如何有效开展跨学科教学、组织跨学科课后活动,既是对教师能力的挑战,也是对学校管理智慧的挑战。为此,南宁三中进行了多年的探索,形成了一系列研究成果。

## 二、学段无界

众所周知,"唯分数论"的评价方式已经不适应当今社会人才培养的需要。那么,小学教育与初中教育、初中教育与高中教育如何有效衔接,才能实现学段贯通、融合育人,从而实现学生的个性化可持续发展?随着集团化办学的不断发展,南宁三中已成为一艘拥有四个校区的"教育航母",有初中、高中,还毗邻小学,有着跨学段教育教学研究和实践的优越条件。因此,南宁三中从育人观念、教学内容和教学方式上打破学段间的割裂状态，将教育视为一个连贯的、有机衔接的整体，通过多维度方式融合育人，最终实现学生的多元发展。

## 三、场域无界

北京师范大学顾明远教授认为，学习本来就没有边界，人人可学、时时可学、处处可学。每一个课程、每一个课堂、每一个活动，都应该成为学生的"教育场"。基于此目标，南宁三中广拓教育场域，积极研发各类课程，如研学课程、国际课程、校本课程等；鼓励学生组织各类社团，如文学社、轮滑社、模联社、放卫星社等；组织开展各类育人活动，如元旦嘉年华、高一大合唱、高二辩论赛、高三音乐会等。这些实践真正帮助学生实现了"学中做、做中学"，在校园内形成了人人乐学、处处可学、时时善学的氛围。

## 四、资源无界

2020年，新冠疫情让学生首次集体体验在家线上学习的新模式。这极大冲击了无界学习的理念。我们不禁思考：当学习不再局限于教室之中，面对面的传授也不再是必然，学校和教师将面临哪些挑战，又将如何应对？图书馆、网络资源、家庭教育、社会实践……都能帮助学生汲取课外知识。学生的学习渠道增加了，学习空间扩大了，学习自主性更重要了。教育形式的转变，向学生和教师提出了新的要求。如果没有教师的精心指导，学生自学课程很难进行，学习质量很难保证。

教育是国家发展的根基。不论是传统的教育教学，还是新形势下的无界学习，都可以培养出出色的、符合时代要求的人才，但核心依然是要贯彻国家的教育方针，培养德智体美劳全面发展的社会主义建设者和接班人。因此，我们要结合新时代的特点，转变教育观念，促进人才培养方式的改革，培养学生的理想信念、道德情操、扎实学识、创新思维、国际视野。

以上是我们对无界学习的理解。在本书的编撰过程中，编写人员不辞劳苦、竭力虔心、夜以继日地收集案例，初步组稿，字斟句酌。为表达我们的理念，展示我们的做法，虽苦虽累我们却义无反顾。感谢各级领导、各位教师的配合与协助，为本书提供了这么翔实的案例；感谢编写团队的通力合作、负责担当，本书才得以如期面世。囿于水平，本书的不足与疏漏在所难免，敬请广大读者批评指正，以帮助我们做得更好。我们将把大家的支持、鼓励和批评转化为工作的动力。

在此，谨对为本书付出关心、帮助、努力、心血的所有领导、教师以及各界人士致以万分的谢忱！